Helge Timmerberg
Timmerbergs Reise-ABC

PIPER

Zu diesem Buch

Wie kommt man umsonst in jede Diskothek am Urlaubsort? Man läßt ein billiges weißes T-Shirt mit dem Schriftzug »Animationsteam« und dem Namen einer großen Hotelkette bedrucken – und schon wird man überall hereingelassen. Warum ist sauberes Besteck in den Restaurants mancher Regionen besonders gefährlich? Und wie groß ist das Risiko, von einer herunterfallenden Kokosnuß erschlagen zu werden? Der Weltenbummler Helge Timmerberg erzählt vom richtigen Umgang mit Hunderudeln, Jaguaren und Schlangen, von Turnieren im Moskitoklatschen, von Weihnachten in Marrakesch und von Zahnärzten im Ausland. Dieses Buch gehört in jede Reisetasche, und man sollte nicht aus dem Flieger steigen, ehe man es durchgelesen hat ... Die besten Tips und Tricks von A wie Anfängerfehler bis Z wie Zahnarzt, illustriert von Peter Puck, der 2002 als bester deutschsprachiger Comic-Künstler ausgezeichnet wurde.

Helge Timmerberg, geboren 1952 im hessischen Dorfitter, beschloß mit zwanzig Jahren, Journalist zu werden. Seitdem schreibt er Reisereportagen aus aller Welt und veröffentlicht unter anderem in der Süddeutschen Zeitung, Zeit, Allegra, Stern, Spiegel und Playboy. Zuletzt erschienen seine Bücher »Timmerbergs Tierleben«, »Das Haus der sprechenden Tiere«, »Timmerbergs Single-ABC/Timmerbergs Beziehungs-ABC« und »In 80 Tagen um die Welt«.

Helge Timmerberg
Timmerbergs Reise-ABC

Cartoons von Peter Puck

Piper München Zürich

Mehr über unsere Autoren und Bücher:
www.piper.de

Alle Namen, Charaktere, Dialoge und Begebenheiten entstammen der Phantasie des Autors. Ähnlichkeiten mit lebenden oder verstorbenen Personen sind rein zufällig und unbeabsichtigt.

Von Helge Timmerberg liegen im Piper Taschenbuch vor:
Tiger fressen keine Yogis
Timmerbergs Reise-ABC
Timmerbergs Tierleben

FSC
Mix
Produktgruppe aus vorbildlich bewirtschafteten Wäldern und anderen kontrollierten Herkünften
www.fsc.org Zert.-Nr. GFA-COC-001223
© 1996 Forest Stewardship Council

Ungekürzte Taschenbuchausgabe
Piper Verlag GmbH, München
1. Auflage Januar 2006
4. Auflage September 2009

Umschlag: semper smile, München
Umschlagfoto: Getty Images
Autorenfoto: Frank Zauritz
Papier: Munken Print von Arctic Paper Munkedals AB, Schweden
Druck und Bindung: CPI – Clausen & Bosse, Leck
Printed in Germany ISBN 978-3-492-24518-0

„Regeln sind nur wichtig,
wenn sich das Herz nicht sicher ist.“

Inhalt

...MAY I HELP YOU?...
NO! I DON'T NEED ANY CARPET!!

A - WIE ANFÄNGERFEHLER

Zum Beispiel topfit und ausgeschlafen einen Intercontinental-Flug anzutreten. Egal wohin und egal mit welcher Airline, in der Economy schenken sie uns nichts. Economy ist schlimmer als indische Eisenbahn dritter Klasse. Man umgeht die Tortur, indem man die Nacht vor der Abreise durchfeiert, und sich mit den letzten Kraftreserven zum Flughafen schleppt. Und unbedingt der Stewardeß Bescheid sagen, daß man für ihren Fraß nicht geweckt werden will. Neurologisch geschieht dann folgendes: Während des Starts bekommt das Gehirn weniger Sauerstoff und wir schlafen ein, noch bevor wir auf Flughöhe sind. Einmal habe ich es so tatsächlich geschafft und bin erst bei der Durchsage des Captains wieder aufgewacht, daß er mit dem Landeanflug auf Bangkok beginne. So was nennt man dann nicht fliegen, sondern beamen.

Anfängerfehler Nummer 2: Beim Einchecken werden wir in der Regel „Fenster oder Gang?“ gefragt. Anfänger nehmen den Fensterplatz, denn sie wollen was sehen. Und was werden sie da sehen? Beim Start den Abflugort von oben, bei der Landung den Zielflughafen aus derselben Perspektive. Aber die neun Stunden dazwischen sehen sie mehr oder weniger nichts. Entweder ist alles blau oder alles schwarz, und das verliert mit der Zeit an Unterhaltungswert. Dafür nehmen die Krämpfe zu, denn die Bewegungsfreiheit am Fenster ist gleich null. Am Gang dagegen können wir hin und wieder die Beine lang machen und jederzeit aufstehen. Am Gang haben wir eine Seite frei.

Und Anfängerfehler Nummer 3? Nach der Landung aufzustehen, obwohl der Flieger noch ausrollt. Das ist lebensgefährlich. Auf dem Flughafen Mohammed V. (Casablanca) habe ich es zum Beispiel einmal erlebt, wie der Pilot stark abbremste, um nicht einen Hund zu überfahren. Was macht ein Hund auf der Landebahn? Das ist eine Frage, die man sich in der Dritten Welt nicht stellt. Ein älterer Passagier, der bereits zu diesem Zeitpunkt sein Gepäckfach zu entleeren versuchte, flog dann von Sitzreihe 26 bis zu den Toiletten vorn am Cockpit und war tot.

Anfängerfehler sind unschuldig. Niemand muß sich für sie schämen. Im Gegenteil, sie verleihen einen gewissen Charme, eine gewisse Liebenswürdigkeit, doch leider treffen wir auf Reisen auch Menschen, deren Bewußtsein auf der Stufe des Wolfs oder noch weiter retour, auf der des Hais, zurückgeblieben ist. Dem tunesischen Taxifahrer zu glauben, daß die Anzeigen auf seinem Taxameter irgend etwas anderes als reine Willkür demonstrieren, ist zum Beispiel ein Anfängerfehler, der Meter für Meter zwei tunesische Dinar kosten kann (ein Dinar = ein Euro). Immer den Preis vorher auszuhandeln ist die korrekte Alternative, und immer die Hälfte von dem, was der Chauffeur vorschlägt.

Kein Geld, aber die Gesundheit kostet der Anfängerfehler, in spanischen Lokalen „Vino del la casa" zu bestellen. Das hört sich gut an. Das ist aber nicht gut. Hauswein kommt immer in Karaffen, Herkunft zweifelhaft, und in der Küche wird gepanscht. „This is for english tourist", sagte der Kellner, als ich neulich auf Mallorca einen „Vino del la casa" zurückgehen ließ. Schock! Jede Nation unter den Touristen hat ihre Eigenarten. Japaner fotografieren alles, Engländer trinken alles. Sie sind geradezu berühmt für die Resistenz ihrer Mägen.

Weitere Anfängerfehler:

– Haareschneiden in Thailand. Ich habe gesagt, er soll sie nur ein bißchen kürzer schneiden, und er hat nur ein bißchen übergelassen.

– Fakes kaufen. Wer in der Türkei (Hauptreiseland für Fakes) oder in Bangkok falsche Levis, Calvin Klein oder Boss ersteht, sollte sie entweder nie tragen oder nie waschen, denn Fakes laufen ein.

– Auf die Frage „May I help you?" ja zu sagen. Großer Fehler in Indien, aber auch in Marokko sollte man das besser lassen, möglichst auch in Ägypten, der Türkei und dem Libanon. Grob gesagt ist das im gesamten Orient, von den Grenzen Chinas bis Khartum (Afrika), die falsche Antwort. Egal wie oft ich versuchte, das Mißtrauen abzulegen und an das Gute in einem Straßenschlepper zu glauben, es hat niemals woanders geendet als in Teppichgeschäften seiner Wahl.

Apropos Teppichhändler. Es ist purer Größenwahn zu glauben, einem orientalischen Teppichhändler beim Handeln auch nur ansatzweise ebenbürtig zu sein. Ich wohnte einmal drei Jahre lang in Marrakesch, und es brauchte zwei Jahre, um meinen marokkanischen Freunden die letzten Geheimnisse zu entlocken. Wenn die also einen Teppich für 1.500 Euro anbieten und der Kunde mit der Hälfte dagegenhält und sich beide dann auf 1.000 einigen, dann wäre es ein Anfängerfehler zu glauben, man hätte was gespart. Denn der Teppich kostete den Marokkaner im Einkauf nicht mehr als 90 Euro. Und das sind nicht 1.000 und eine Nacht. Das sind roundabout 1.000 und ein Prozent.

B - WIE BILLIG

Billige weiße T-Shirts gibt es überall, in den Print-Shops bedrucken wir sie mit den Texten unserer Wahl. „Animations-Team“ zum Beispiel und dazu der Name eines der großen Hotels am Urlaubsort. Damit kommt man umsonst in jede Diskothek. Animateure zahlen nie Eintritt. Drinnen dann können wir von den Kubanern lernen. In Havanna kostet ein Longdrink die Hälfte des monatlichen kubanischen Einheitsgehalts. Darum geht die kubanische Art, sich einen Cuba Libre zu bestellen, so: Man ordert an der Bar eine Cola, und den Rum dazu hat man in einer kleinen Flasche in der Hosentasche. Prinzipiell dasselbe gilt für Gin Tonic oder Wodka Apfelsaft. Die Spirituosen gehören mitgebracht. Und keine schlechten Vibes. Billig feiern im Urlaubsland zeugt nicht von Geiz. Es ist sportiv.

Nett auch die Kugelschreiber-Nummer. Kann überall in Afrika und Lateinamerika funktionieren, aber auch in Teilen Südostasiens, wie Vietnam, Laos, Kambodscha. Aus welchen Gründen auch immer gibt es in den Schwellenländern der Tourismusindustrie rund um die Uhr Engpässe in Sachen Kugelschreiber und Feuerzeuge, und zu Hause wird uns das Zeug als Werbegeschenk hinterhergeworfen. Man kann natürlich noch versuchen, die entsprechenden Leute herunterzuhandeln, aber über den

ACHTEN SIE AUF SONDERANGE
IN DEN KLEINANZEIGEN !!... HI
FINDEN SICH OFT SAGENHAFTE BILLIG-REISEN KLEINER SPEZIALISIERTER VERANSTALTER...
DAS IST DOCH KEIN HOTEL!... DAS SIEHT JA AUS WIE'N PUFF!!

E
HÄHÄ!-KÖSTLICH LUSTIG! HABEN EHRENWERTE NEUE MITARBEITER WIRKLICH DENKEN, 3 WOCH BANGKOK MIT FLUG UND VP FÜR 250 DM?! LO DLI WÜNSCHEN, AUCH MAL SO SCHEISEDUMM SEIN!... SO, HIER ARBEITPLATZ!

Daumen gilt: Für einen Kugelschreiber gibt's ein Bier. Faßbier, weil das der Boß nicht kontrollieren kann.

Immer nur Party, immer nur Tanz? Sie wollen dieses Mal etwas ganz anderes von ihrem Urlaubsland? Etwas in Richtung Spiritualität, über die inneren Grenzen gehen, die Reise zu sich selbst? In Poona (Indien) kostet der Eintritt in den Ashram des verstorbenen Bhagwan 50 Rupien, das sind umgerechnet 1 Euro 30. Dafür darf man einen Tag das Ashramgelände besichtigen, und die Teilnahme an vier spirituellen Sitzungen ist gratis. Eine Woche lang wird man es sicher schaffen, Tag für Tag am Eingang zu argumentieren, daß man noch mehr sehen möchte vom Ashramgelände und den Sitten, und das macht dann alles in allem 9 Euro 10 für insgesamt 28 Sitzungen. Hätte man einen Kurs mit 28 Sitzungen in Poona offiziell gebucht, wäre man richtiges Geld losgeworden. Da freut sich die Reisekasse, da freut sich die Seele. Billig meditieren hat uns 250 Euro gespart.

Billig fliegen (normal)? Auch hier gilt: Preiswert ist nicht dasselbe wie billig, und billig ist nicht dasselbe wie umsonst. Tickets nach Bangkok, Bombay und zu den Philippinen (u. a.) gibt es im Charter ab 400 Euro, sogar ab 300 ist schon vorgekommen. Das ist billig. Die Linien nehmen zwischen 500 und 800 Euro für ihre untersten Buchungsklassen, bieten dafür aber den Vorteil, daß ihre Agenten in Übersee aus Schlamperei, Unfähigkeit und

Geldgier die Maschinen während der Hauptreisezeiten hoffnungslos überbuchen, was manchmal gut geht und manchmal nicht, und wenn nicht, dann kommen die Airlines in Teufelsküche und bieten Geld dafür, wenn man auf seinen Platz verzichtet und am nächsten Tag fliegt. Die Swissair zahlte mir auf dieser Basis neulich im Indira Gandhi Airport (New Delhi) 600 Dollar bar auf die Hand, plus eine Nacht im Fünf-Sterne-Hotel. Mehr hatte mein Ticket auch nicht gekostet, und das nennt man umsonst. Kein Einzelfall. Nicht mal in meinem Leben. Nicht mal in einem Jahr. Zwei Monate später wollte ich mit der „United“ nach Amerika. Wieder überbucht. Sie boten mir auf ihre Kosten eine Umbuchung auf Lufthansa an. Auch diese Maschine war ziemlich voll. Ich bekam den einzigen noch freien Platz und flog erste Klasse Frankfurt-LA für runde 500 Euro. Das ist preiswert.

ALL MAJOR
CREDITCARDS
ACCEPTED!
EC-CASH
POSSIBLI!

C - WIE CARITAS

(MITLEID UNTERWEGS)

Geben ist seliger denn Nehmen, es sei denn, man wird verarscht. Wie neulich in Senegal. Ein Junge, amputiert ab den Knien, bettelt mich um einen Dollar an. Nachdem er ihn bekommen hatte, sprang er auf, hatte wieder Füße und jagte mit einem Skateboard davon. Daraufhin gab ich einige Zeit den Armen nichts mehr. Eine Bettlerin in Kalkutta brach den Bann. Denn sie wollte kein Geld, sondern Milch für das Kind auf ihrem Arm. Um jeden Zweifel zu zerstreuen, kaufte sie die Milch mit mir gemeinsam ein. Später mußte ich erfahren, daß sie a) die Milch dem Händler zurückverkauft hatte und das b) das Kind nicht ihres war. Sie hatte es sich ausgeliehen. Wie jeden Morgen. Und wieder gab ich den Armen nichts mehr.

Ich schätze, rund die Hälfte aller milden Gaben, die ich auf Reisen in Bettlerhände fallen ließ, waren rausgeworfenes Mitleid. Die andere Hälfte nicht. In den meisten Urlaubsparadiesen außerhalb der EU wird keine Sozialhilfe gezahlt, den Mittellosen keine ärztliche Betreuung gegeben, den Alten keine Rente. Allerdings funktioniert in diesen Ländern in der Regel noch die Großfamilie, und die fängt ihre Problemfälle selber auf. Nur wer weder Familie hat, noch die Kraft, sich zu ernähren, setzt sich in den Staub der Straße und wird Bettler. Ein echter Bettler ist für den guten Moslem, den guten Hindu, den guten Buddhisten, sogar für den guten Christen fast so etwas wie ein Geschenk, denn Gott, so sagen die Orientalen, vergibt zwar unsere Sünden, aber nie vergißt er unsere Mildtätigkeit.

Aber wie trennen wir die Spreu vom Bettler? Wie erkennen wir den Bedürftigen und wie den Betrüger? Wie unterscheiden wir Faule von Verzweifelten? Am besten so, wie es die Einheimischen tun. Die Bettelei ist ein Teil ihrer Tradition und unterliegt uralten Regeln. Man gibt nur den Alten, den Krüppeln und den Kranken. Man gibt niemals Kindern, weil wir sie damit versauen, und niemals gesunden Erwachsen, weil sie arbeiten können. Und auf gar keinen Fall gibt man den Aufdringlichen, weil sie nicht bitten, sondern fordern, und weil die Demut das Wesen des Bettelns ist.

Wer dich anspricht, wer auf dich zukommt, wer dich anfaßt, dich festhält, dir hinterherläuft, dich zu überreden versucht, ist kein Bettler, sondern ein Abzocker auf der untersten Stufe der Straßenkriminalität. Sie würden es niemals wagen, ihre eigenen Landsleute so anzugehen, das machen sie nur mit Touristen. Die wahren Bettler sitzen, stehen oder liegen schweigend am Straßenrand und überlassen dir die Entscheidung, ob du ein guter Mensch sein willst oder nicht. Wie gut? Das ist die andere Frage. Wieviel ist zuwenig, und wieviel ist zuviel? Antwort: Zuwenig gibt es nicht, und zuviel ist, wenn die Höhe der milden Gabe dem Tageslohn eines Bauarbeiters in der Dritten Welt entspricht (ca. 1,50 Euro). Immer nur die kleinsten Münzen der Landeswährung und nicht mehr als zwei oder drei.

Neulich in Bombay: Ich war auf dem Weg zum Flughafen. Frühmaschine, Morgendämmerung, der Tag brach gerade erst an. Als das Taxi an einer Ampel hielt, klopfte eine kleine Hand ans Fenster. Ein Mädchen, ich schätze so zwölf, sah mich mit großen Augen an. Mir schien, daß es noch nicht gefrühstückt hatte. O.k., ich verließ das Land. Und hatte noch jede Menge der Landeswährung bei mir. Aber leider nur in großen Scheinen. Die Ampel sprang um, Angst flackerte in den Augen der Kleinen. Soll ich sie fragen, ob sie wechseln kann? Scheiß drauf, ich gab ihr einen der Scheine, und ich werde nie vergessen, was mit ihrem Gesicht geschah. Ich duschte praktisch in ihrem Lachen. Sie hüpfte über die Straße zu ihrer Mutter zurück, drehte sich wieder um, hüpfte und lachte und winkte, und ich winkte zurück, bis ich sie nicht mehr sah. Ein selten schöner Moment der Widersprüchlichkeit. Es war viel zu viel, und es war ein Kind. Ich hatte alles falsch gemacht, und doch hat es gestimmt. Regeln sind nur wichtig, wenn sich das Herz nicht sicher ist.

D - WIE DIARRHÖ-DIÄT

Reisen geht durch den Magen, könnte man sagen, und wer ißt und trinkt, was auf den Tisch kommt, ist manchmal nicht gut beraten, es sei denn, er sieht in allem nur das Positive, wie zum Beispiel den der Diarrhö innewohnenden Aspekt der Diät. Eine Woche Durchfall schafft gut und gern fünf Kilo weg. Diese Schlankheitskur beginnt in der Regel mit einem Schluck Wasser aus jedem x-beliebigen Wasserhahn der Dritten Welt. Also in Nord-, Süd-, Ost-, West-, und Zentralafrika, im Vorderen Orient, Mittleren Orient, in ganz Asien, ganz Südamerika, Mittelamerika, in der Karibik. Wer ganz sicher gehen will, nimmt indische Wasserhähne. Und unbedingt vorher Sorge tragen, daß das Bad im Hotelzimmer gefällig ist. Man wird viele, viele Stunden darin verbringen.

Wem diese Art der Gewichtsabnahme nicht zusagt, muß grundsätzlich vom nicht abgekochten Leitungswasser die Lippen lassen, darf zudem weder ungeschältes Obst noch Salate essen (womit werden die gewaschen?), nicht einmal die Zähne putzen kann man sich damit. Mineralwasser für die Mundpflege ist nicht snobistisch, sondern gesund, solange wir darauf achten, daß der Verschluß der Flasche nicht beschädigt ist. Sonst ist auch in ihr nur Leitungswasser und die gesamte Welt der Viren rund ums H_2O. Ein Kellner hat sich dann was dazu ver-

KO LIK'S
DOMESTIC FOOD
TRY DIS - YOU NEVER FORGET!

SALZ
STICKSI
Coca-Cola
YOU DONT' WANT TO VISIT
ONLY OUR TOILETS ?
COKE $ 2,- COLA
+ +
SAVOURY 1,50 SALZ-
BISCUITS STANGEN

dient, ohne Unrechtsbewußtsein nebenbei, denn er trinkt das Zeugs ja auch. Warum? Diese Frage beantwortet ein Ausflug in die Wissenschaft der Bakteriologie, Fachbereich Resistenzen. Eiserne Regel ist: Einheimische Viren tun einheimischen Kellner nichts. Wen es trotz all dieser Vorsichtsmaßnahmen erwischt, hat einfach nur vergessen, daß das Eis in seinem Whisky auch nur aus gefrorenen Krankheitserregern besteht.

Jetzt die guten Nachrichten. Als vor vielen, vielen Jahren in Atlanta (Georgia) die Formel für Coca-Cola erfunden wurde, dachte man dabei eher an ein Erfrischungsgetränk als an eine Medizin. Das war purer Zufall und blieb auch lange Zeit unentdeckt. Im Gegenteil. Mütter nahmen ihren Kindern die Cola weg, weil sie gut schmeckt und ungesund ist. Inzwischen hat sich im Kreise der Tropenärzte durch langjährige Beobachtungen und gezielte Tests die gegenteilige Meinung durchgesetzt. Coca-Cola hat heilende Wirkung bei kleineren Magenverstimmungen und im Frühstadium der Diarrhö. Und die zweite gute Nachricht ist: Coca-Cola gibt's überall, wo es keine Pepsi gibt. Ob die Konkurrenzlimonade ähnliche Wirkung hat, weiß ich nicht.

Hat die Diarrhö das Frühstadium (Magengrummeln, Bauchziehen, erste Schmerzen) allerdings überschritten, helfen beide Marken nicht mehr wesentlich. Dann hilft Tee. Schwarzer Tee, weder aufgekocht, noch irgendwie anders genießbar gemacht. Eine deutsche Krankenschwester, die ich vor Jahren in Kairo traf, gab mir den Tip. Sie hatte lange im Sudan gearbeitet und da nicht immer Medikamente gehabt. Aber Tee gab es wie Cola selbst im Sudan überall. Medikamentierung: die puren Blätter, einen Eßlöffel voll. Die Roßkur schließt den Darm abrupt. So habe ich die eine oder andere Zugfahrt unbesudelt überstanden sowie die eine oder andere Nachtfahrt mit dem Bus. Denn in großen Teilen der Dritten Welt halten die nicht an, wenn du mal mußt.

Das macht man einmal mit. Das macht man zweimal mit. Das macht man dreimal mit. Und irgendwann will man das einfach nicht mehr mitmachen. Ich habe mal mit einem anderen Reisejournalisten darüber gesprochen. Es ist das Besteck, sagte er. Das Besteck in den Restaurants. Je sauberer, desto gefährlicher. Denn dann ist es gründlich gewaschen. Deshalb hat er immer sein eigenes Besteck dabei, und wenn er es vergessen hat, dann ißt er mit der Hand. Nicht nur in den Restaurants am Wegesrand, auch bei Empfängen und Galas in Luxushotels. Man darf sich von den Hotelpreisen keinen Sand in die Augen streuen lassen. Selbst fünf Sterne schützen nicht vor der Diarrhö-Diät. Denn Hütten und Paläste unterscheiden sich in vielerlei, aber sie hängen am selben Wasserversorgungssystem.

E - WIE EINHEIMISCHE

Es setzt sich anscheinend immer mehr durch, daß man unterwegs nicht nur das Land, sondern auch die Leute kennenlernen will. Dazu ist zu sagen: andere Länder, andere Fettnäpfchen. Klartext, zum Beispiel, ist im Orient kein Ausdruck von Wahrheitsliebe, Mut und Gradlinigkeit, sondern gilt als unmenschlich. Der Orientale will ein Gegenüber mit Gesicht, und sein eigenes hätte er auch gern behalten. Man fragt einfach nicht den Schuhputzer, wieviel er damit verdient und ob er davon leben kann und was er im Alter machen will. Soll der Mann vor dem Tourist als Penner dastehen? Als Verlierer in einem Verliererland? Oder als jemand, der einem etwas geben kann.

Ein Gespräch, wie ein Ballwechsel, Pointen-Pingpong, darin sind sie groß. Kommunikation ist für sie ein Spiel und nicht Psychotherapie oder Beichte. Selbst nach drei Jahren in Marrakesch waren meine marokkanischen Freunde noch peinlich berührt, wenn ich mit ihnen über meine Frauenprobleme sprechen wollte und über meine Probleme mit Geld. Ganz generell wollten sie nichts über meine Probleme hören. Und nichts über ihre. Und nichts über die der Welt. Sie setzen andere Prämissen. Sie wollen lachen. Wer ein Lachen bringt, sagen sie, der bringt ein Geschenk.

Grundsätzlich ist es auch nicht verkehrt, den Gesprächspartner als gleichwertig anzusehen. Es kommt bei Vergleichen immer auf den Ausgangspunkt an, von dem wir losgehen. Mit unserem Leben, unserer Karriere, unseren Zielen. In Tanger lernte ich einen Krüppel kennen, der einen kleinen Kiosk hatte. Kiosk ist schon übertrieben. Eine Mischung aus Kiosk und Bauchladen, an eine Hauswand geklebt. Jetzt könnte man sagen, der Typ ist arm dran, denn was wird er schon verdienen, und außerdem kann er nicht gehen. Was war sein Ausgangspunkt? Sieben Jahre vorher hatte er auf der Straße gesessen, und auf einem Stück Pappe vor ihm lagen Zigaretten, die er einzeln verkaufte. Und am Abend ist er auf dem Hosenboden nach Hause gerutscht. Jetzt hat er einen Laden und einen Assistenten, der für ihn die Wege macht. Und abends trägt man ihn nach Hause. Karrierefaktor? Sagen wir mal so, ich fühle mich diesem Mann nicht überlegen. Ich muß ihm keine Schokolade schenken oder mein altes Unterhemd oder mein Mitleid. Dann fühlt der sich verarscht.

Angegriffen fühlt er sich, wenn du mit ihm über seine Religion diskutieren willst. Das kann man erklären, muß man aber nicht. Kein böses Wort über seinen Propheten und über seinen Gott, wobei schon zweifeln oder in Frage stellen böse ist. Das gilt für alle moslemischen Länder, und das gilt für Thailand, eigentlich für ganz Südostasien, nur für Indien gilt das nicht. Mit den Hindus kannst du über alles quatschen. Aber du darfst nichts glauben. „Never trust an Indian", sagen die Hongkong-Chinesen. Warum? Wenn Inder ja sagen, schütteln sie mit dem Kopf. Wenn sie nein sagen, schütteln sie mit dem Kopf. Wenn sie

HO HO HO!! EURE RELIGION IST DOCH HUMBUG!!... HABT IHR SCHON 'MAL WAS VON NATURWISSENSCHAFT GEHÖRT?!
JA... HEBELGESETZE...

vielleicht sagen, schütteln sie mit dem Kopf. Sie schütteln immer mit dem Kopf während des Gesprächs. Und dann sagen sie noch „no problem“ bei jedem Problem.

Noch eine Kleinigkeit. Beleidige niemals das Königshaus und das weltweit. Wir, als überzeugte demokratische Touristen glauben, daß die Monarchie grundsätzlich unbeliebt beim Gastgebervolk ist, weil einer regiert und alle anderen nicht. Irrtum. Hassan II., der verstorbene marokkanische König, wurde sehr geliebt; seinen Sohn, jetzt auf dem Thron, liebt man auch. Dasselbe gilt für den König von Thailand, und ein Fauxpas in dieser Richtung ist das einzige, was den Thais das Lächeln abstellen kann. Und dann gnade dir Gott.

Bleiben wir ein bißchen im Land des Lächelns. Es hat magische Wirkung. Du bist zwei Tage in Bangkok und badest in Heiterkeit, in Herzlichkeit und eins davon stimmt. Und das andere stimmt nicht. Hinter dem Lachen verbirgt sich alles mögliche, und es besagt, für unser Verständnis, eigentlich nichts. Es ist kein Zeichen für Sympathie, keins für Schüchternheit, es ist auch kein erotisches Signal. Es ist angeboren, oder es wurde gleich nach der Geburt an den Ohren aufgehängt. Ehrlich gesagt, ich weiß es nicht. Ich weiß nur, daß es ansteckend ist. Das ist nicht schlimm. Was schlimm ist: Wenn man darauf baut, darauf Geschäfte macht, darauf Ehen schließt. Ich habe mal während eines Bangkokaufenthalts für ein Mädchen drei Liebesbriefe an drei deutsche Verlobte schreiben müssen. Ihr Lächeln war mein Lohn.

F - WIE FEIERN

Manchmal will man nicht braun werden, sondern besoffen. Zum Beispiel in Rio. Ich kam einen Tag vor dem Karneval an und landete in irgendeiner Diskothek in Ipanema. Weil ich zum ersten Mal in Brasilien war, kam ich nicht klar mit dem, was ich auf der Tanzfläche sah. Also drei Caipirinha auf Ex. Ich wachte unter einer Klimaanlage wieder auf. Sie war nicht weit von der Bar, und irgend jemand hatte mich unter den Strom kalter Luft geschleppt und hielt mich jetzt von hinten fest. Als ich mich umdrehte, sah ich, daß es ein schönes Mädchen war. Sie sagte, ihr Name sei Angel. Es entspann sich folgender Disput:

Angel sagte, für 100 Dollar bliebe sie die Nacht bei mir. Ich sagte, ich bezahle nicht für Sex. O.k., sagte sie, 50 Dollar. Ich sagte nein. O.k., sagte sie noch einmal, dann eben umsonst. Ich sagte wieder nein. Warum weiß ich heute nicht mehr. Das Nein schien inzwischen automatisch geworden zu sein. Außerdem glaubte ich ihr nicht. Als nächstes wollte sie mich bezahlen (nein) und mir den Karneval zeigen (nein). Und worauf lief es hinaus? Ich feierte den Karneval allein. Hatte ich was falsch gemacht?

Verschiedenes. Es war falsch, zu trinken, ohne zu tanzen. Trinken und tanzen gehören immer zusammen. So schwitzt man die böse Seite des Alkohol heraus, die gute bleibt drin. Zweites: Es war falsch, die drei Caipirinha hintereinander auf Ex zu trinken. Klüger ist es, auf jeden aktiven Drink einen inaktiven folgen zu lassen. Richtig dagegen war, Angel nicht zu glauben.

Ich lernte diese Details erst viele Jahre später in Havanna. Ich hatte dort zwei Jahre im Hotel Riviera gewohnt, und wäre ich der Hoteldirektor geworden, sähe es da jetzt folgendermaßen aus: Schweizer in der Rezeption, Franzosen in der Küche, italienische Ober, türkische Zimmermädchen. Und die Kubaner machen die Musik. Darin sind sie Weltmeister, in allem anderen nicht.

Salsa ist fast so schnell wie Techno und fast so sexy wie Geschlechtsverkehr, hat dazu Romantik und eingängige Melodien. Die Texte sind sturzeinfach. Es geht um Chicas (Mädchen) und Chicos (Jungen) und um Corazón (Herz). Und es geht um „no pasa nada“ (nichts ist passiert). Denn es sieht vielleicht so aus, als ob man vom Salsa Kinder bekommen kann, aber in Wahrheit funktioniert das nicht. In Wahrheit sind Salsa-Parties Orgien auf halbplatonischer Basis. Alles, was ich über trinken und tanzen weiß, habe ich hier gelernt.

Zum Beispiel, daß man es nicht lernen kann. Mir tun immer wieder diese Leute leid, die sich beim Paartanz verkrampfen, weil sie Preise gewinnen wollen, statt sich zu amüsieren. Um sich in Havanna nicht zu blamieren, muß man als Kubaner geboren sein, denn die haben das Salsa-Gen. Entgegen kommt uns allerdings, daß Salsa zu den lateinamerikanischen Stilen gehört, die auch ohne Anfassen tanzbar sind. Also loslassen und Gas geben. Denn die Technik lernen wir nie, aber das Gefühl haben wir schon. Und wenn nicht, dann zum Hausmittel greifen. Ich habe einige Male versucht, es ohne Rum zu schaffen, und immer war es so, als stünde ich vor einem Aquarium, hinter dessen Glas viele bunte Fische schwammen. Mit Rum schwimmt man mit. Rum pur. Weil wir damit mikroskopisch kleine Wunden im Zahnfleisch desinfizieren. Das geht natürlich auch mit Whisky, aber Rum ist tanzbarer, weil erotisierender, und für die Parties im Osten (von Odessa bis St. Petersburg) ist Wodka Red Bull das beste Erfrischungsgetränk. Ich weiß, nicht jeder mag das Zeug, aber Wodka tut da geschmacklich Gutes, und die Kombination von erhöhtem Herzschlag und abnehmender Vernunft plus Beats ab 130 bpm (beats per minute) – im Volksmund Techno – bringt einen ziemlich schnell an den Rand dessen, was ohne harte Drogen möglich ist.

G - WIE GEFAHR

Es geschah an einem Strand auf Bali. Sie hatten mich vor den Strömungen gewarnt, aber damit hatte ich trotzdem nicht gerechnet. Ich stand bis zu den Knien im Wasser, nicht tiefer, und plötzlich zog ein Riese an meinen Füßen, so scheißgroß wie der Ozean. Und ich kam nicht dagegen an, ich kam nicht raus, ich kam nicht mal nicht von der Stelle, ich kam ins Meer. Was soll ich sagen, volle Pulle Kraulen in Richtung Strand, in Richtung Mädels, in Richtung Leben ganz allgemein. Ich habe die Minuten nicht gezählt, vielleicht eine, vielleicht zwei, die es brauchte, und schon war ich 500 Meter von all diesen Begehrlichkeiten entfernt. Dann 1.000.

Die Probleme:

1. Es wird nicht lange dauern und es sind 2.000.
2. Es wird ebenfalls nicht lange dauern, und ich kann nicht mehr.
3. Was für Fische gibt es eigentlich hier?

Der Tip eines Surfers rettete mir das Leben. Ich gebe ihn hiermit weiter. Die Strömungen sind zwar mörderstark und gehen weit hinaus, aber sie sind nicht sehr breit. Falsch ist: gegen Strömungen anschwimmen. Richtig: immer seitlich raus.

Hunde sind hier und da auch eine Gefahr. Der Hund der dritten Welt ist in der Regel nicht sonderlich groß und kräftig, aber zäh und häßlich und tritt gern in Rudeln auf. Vor allem nachts, vor allem an Stränden. Und dann steht man da vielleicht mit seiner Braut und macht auf Romantik, und erst sind es zwei, drei, vier, dann fünf, dann zwanzig. Das wird nicht nur laut, das wird ungemütlich. O.k., man kann mit Steinen werfen, aber nehmen wir mal an, es handelt sich um einen paradiesischen Sandstrand, auf dem wir stehen. Sand wie Samt und Seide bedeutet keine Steine. Was dann? Ich weiß nicht, ob es weltweit so gehandhabt wird, aber die Inder machen es so: Sie gehen nachts nie ohne Spazierstock aus. Einen richtigen Spazierstock mit einem gebogenen Knauf. Greift sie ein Rudel Hunde an, halten sie den Knauf knapp über dem Boden und drehen sich im Kreis. Das bricht den Hunden die Beine. Nicht übertrieben tierlieb, gewiß, aber einer muß immer sterben, hat Hemingway gesagt.

Was mir in Harlem zu einer Zeit passierte, als New York noch gefährlich war, kann heute in jeder anderen amerikanischen Großstadt geschehen, im Grunde in jeder Metropole der Welt. Es reicht, die falsche Highway-Ausfahrt zu nehmen, oder, noch gemeiner, man hat sich im Streckenplan der Subway vertan und spaziert zu Fuß ins Ghetto. Ich war glücklicherweise nicht allein unterwegs. Und auch nicht zufällig. Ein schwarzer ehemaliger Undercover-Polizist begleitete mich durch das nächtliche Har-

JETZT KENNEN DIE SCHEISS-TOURISTEN DEN TRICK MIT DEM SPAZIERSTOCK AUCH SCHON!....
WENN ICH DEN ERWISCHE, DER DAFÜR VERANTWORTLICH IST!!....
?

lem der frühen 80er Jahre, und da war diese Kreuzung, so fünfzig Meter vor uns, und so an die 20 junge Schwarze standen da. Es war in der Zeit, in der man noch „black is beautiful“ sagte. Sie standen an der linken Seite der Kreuzung, wir gingen auf der rechten Straßenseite. „Hast du mal Feuer?“ fragte mein Begleiter und blieb stehen.

Das ist eine Drogengang, sagte er, während wir uns Zigaretten anzündeten. Die haben Baseballschläger, Messer und Pistolen. Und die haben schlechte Laune. Wenn wir umdrehen und zurückgehen, kommen sie hinterher. Wenn wir an der Kreuzung nach rechts abbiegen, kommen sie hinterher. Wenn wir auf unserer Straßenseite geradeaus weitergehen, kommen sich auch hinterher. Es gibt nur einen Weg. Wir werden jetzt auf ihre Straßenseite wechseln und direkt auf sie zu gehen. Und direkt durch sie hindurch. Geh nicht zu langsam und nicht zu schnell. Sieh ihnen nicht in die Augen. Antworte ihnen nicht. O.k.?

Es ging o.k. Der Gang kam der Jagdinstinkt abhanden. Die paar Momente ihrer Konzeptlosigkeit reichten, und wir waren durch und um die nächste Ecke und damit nicht nur außer Gefahr, sondern auch in angenehmer Umgebung. Mein Begleiter brachte mich zu einem Freund, der hier wohnte. Es war ein wundervoller, alter, schwarzer Mann, und er erzählte mir den Rest der Nacht Geschichten von der Art, die man weitererzählen kann. Ich hörte ihm zu und trank sein Bier. Was ich damit sagen will?

Erfahrungsgemäß liegen die schönsten Geschichten immer hinter der Gefahr. Direkt dahinter. Aber vielleicht irre ich mich da. Vielleicht liegt es auch nur am Überleben, daß man plötzlich wieder so gerne lebt.

H - WIE HEISSGETRÄNKE

In den Hotels von Hongkong spuckt der chinesische Zimmerservice grundsätzlich in jeden Tee, den man Gästen aus dem Westen serviert. Natürlich ist das eine Geschichte aus der Abteilung „nicht tot zu kriegende Gerüchte“, denn wie will man es beweisen? Sie spucken ja schon in der Küche rein. Ich habe das so oft gehört, daß ich in Hongkong auf den Genuß von Heißgetränken grundsätzlich verzichtete, es sei denn, sie wurden in Retaurants mit ausländischen Küchenchefs oder in Sichtweite zubereitet, also in kleinen Schnellimbissen und Bars. In Indien birgt die Teezubereitung andere Probleme. In ihrem Bedürfnis, das Letzte aus dem Tee herauszuholen, kochen sie ihn überlange auf. Sie glauben, dann macht er besonders wach. Das Gegenteil stimmt. Die Chemie des Theins (in Teeblättern enthaltenes Koffein) ist dergestalt, daß es ab einer bestimmten Grenze seine belebende Wirkung ins Gegenteil entfaltet. Die Grenze liegt bei drei Minuten. Tee, der länger kocht, erweckt nicht, er lähmt.

Darf es noch ein Tee-Gerücht sein? In Istanbul, so erzählt man seit Jahren, gibt es ein Kaffeehaus mit verzauberten Teetassen. Verzaubert ist vielleicht zu negativ. Ein Derwisch hat sie gesegnet, ein Heiliger des Islam. Er wurde dort mal kostenlos bewirtet. Zum Dank hat er die Teegläser manipuliert. Jeden Abend, wenn die letzten

400 TASSEN TEE FÜR DEN KONGRESS IM GROSSEN SAAL! ZACKZACK!
NA, TOLL!... UND WOHER SOLL ICH DIE GANZE SPUCKE NEHMEN?!
HOTEL DONG DONG

Gäste gegangen sind, nimmt der Kaffeehausbesitzer seine Gläser und hält sie eins nach dem anderen an sein Ohr, und bei allen ist es dasselbe: Erst hört er ein Rauschen, so wie das Meer in einer Muschel zu rauschen scheint, dann verändert sich das Rauschen und er hört Stimmen. Und dann flüstern ihm seine Teegläser die Gedanken von allen, die aus ihnen getrunken haben, ins Ohr. Allerdings nur, solange er sie nicht abgewaschen hat. Danach sind sie stumm, bis zum nächsten Gast. Zwei Dinge hat der Wirt den flüsternden Teegläsern zu verdanken.

1. Sein Kaffeehaus ist zum größten im Basar geworden.

2. Es gibt keine Geheimnisse mehr in der Stadt.

Kontinent- und Getränkewechsel. Kaffee in den USA. Hier gibt es die schöne Sitte, daß man immer nur die erste Tasse bezahlt und alle anderen gratis trinkt. Egal wie viel. Damit sich für die Gastronomie die Sache trotzdem rechnet, servieren sie streng genommen nur heißes Wasser mit Kaffeegeschmack. Gesundheitsschädlich wird diese Unterdosierung allerdings nur, wenn man so lange in den Staaten bleibt, daß man sich daran gewöhnt, fünf Becher Kaffee hintereinander zu trinken und dann in ein Land weiterreist wie zum Beispiel Spanien. Fünf café con leche hintereinander, und du hüpfst auf der Stelle. Fünf Tassen heiße Schokolade in Serbien bewirken exakt das

Gegenteil. Weil die Serben das Getränk beim Namen nehmen, lösen sie kein Kakaopulver in heißem Wasser auf, sondern kochen echte Schokolade. Eine Tafel pro Tasse. Ich schaffte zwei. Danach blieb ich eine lange Zeit still sitzen.

I - WIE IRRE UNTER PALMEN

Neulich, in einer Folge von „Klinik unter Palmen“, suchte ein deutsches Ehepaar auf den Philippinen nach einem Wunderdoktor namens Awuba Awuba, denn ihre kleine Tochter war erkrankt und wollte nicht gesunden. Sie fanden den Wundermann mit wirren Haaren in einem Sumpf südlich von Manila. Er machte Hokuspokus und sagte: „Etwas Böses ist in ihr. Ich werde es vertreiben.“ Er machte noch mal Hokuspokus und gab dem Mädchen Hokuspokus-Medizin zu trinken. Danach war es dann richtig krank. Doch Serienheld Doc Wussow rettete tags darauf in seiner Klinik dem Mädchen mittels Schulmedizin das Leben. Obwohl Doc Wussow grundsätzlich nicht an der Wirkung von Voodoo zweifelt. Original-Zitat aus Klinik unter Palmen: „Awuba Awuba hat mit seiner Art zu heilen schon viele überraschende Erfolge gehabt.“

Im wirklichen Leben kam ich einmal auf Kuba mit so einem Vogel in Kontakt. Da nennen sie es nicht Voodoo, sondern irgendwie anders. Das macht keinen großen Unterschied. Beides wurde aus Afrika mitgebracht. Der Zauberer arbeitete im Keller, wo zwischen allerhand anderen Scheußlichkeiten die Knochen eines Toten lagen. Mit seinen Voodoo-Tricks, erklärte der Mann, habe er auch den Geist des Toten in den Keller verbannt. An den stellt man die Fragen, die Antworten kommen aus dem Totenreich. Außerdem mußte ich wie das Mädchen in dem Film „male medicine“ (böse Medizin) trinken. An die Zusammensetzung dieses Trunks möchte ich nicht mehr denken. Ich verweigere die Erinnerung. Würmer, Insekten, Schlangen, was weiß ich. Es half auch nichts, daß ich Vegetarier bin. Vegetarischen Voodoo gibt es nicht. Zum Nachspülen gab's Rum. Einen tiefen Schluck Havanna Club (sieben Jahre).

Kommen wir zu den Fragen. Ich hatte welche bezüglich meiner Schwerhörigkeit und meines Liebeslebens. „Die Schwerhörigkeit“, antwortete der Tote durch die Zunge des Voodoo-Priesters, „ist ein Fluch, der viele Jahrhunderte zuvor eure Familie heimgesucht hat. Zigeunerblut ist geflossen.“ Und das sei ein Problem, das eine seriöse Voodoo-Zeremonie erfordere und ein bißchen koste. Die Probleme mit meiner Frau wären nicht so schlimm. Aus einer Flasche wurde offensichtlich Benzin vor mir auf dem Boden verteilt und entzündet. Die Flamme zischte in rituellen Kreisen und Linien auf mich zu, stoppte vor meinen Nikes und zischte, was mich wirklich verblüffte, anschließend den Weg wieder retour in die Flasche. Sie wurde verschlossen, versiegelt und mir übergeben. Folgender Auftrag: In der Flasche befände sich nun der böse Fluch meiner Ahnen. Flasche mit Inhalt gehöre ins Meer geworfen. So weit ich könne. Und sie dürfe nicht an den Klippen zerschellen, sonst komme der Flaschengeist zurück. Flaschengeister sind schneller als der Wind, sagte der Voodoo-Mann. Gegen die Liebesprobleme gab er mir lediglich eine Spur Bleipulver zu essen.

AWUBA AWUBA SAGEN: DU NEHMEN DIESE ZAUBER-MEDIZIN! ... AWUBA-MEDIZIN VIEL MÄCHTIG! VERTREIBEN BÖSE GEISTER AUS DEIN BAUCH! ...
... UND DANN WÜRDE ICH NOCH GERNE EINE KERN-SPINTOMOGRAPHIE BEI IHNEN MACHEN ...

Irre unter Palmen. Mir ging es da wie Doc Wussow. Ich glaubte an das Ganze nicht sonderlich, aber ein Rest von Aberglauben war da, als ich wenig später an der Kaimauer stand. Es war bereits dunkel, und es war Winter, und ein heftiger Sturm schlug mir Regen vom Karibischen Meer entgegen. Ich weiß nicht wirklich, was mit der Flasche geschah. Ich hatte sie gegen den Sturm in die Nacht geworfen und seitdem nicht mehr gesehen. Die Magie ist Suggestion. Ich stellte mir vor, wie eine Welle die Flasche erfaßte und sie in Richtung Uferfelsen und Kaimauer zurückschleuderte. Ich stellte mir vor, wie die Flasche an den Steinen zerschellte, ich stellte mir vor, wie der Geist sich befreite. Nochmal: Ich stellte es mir vor. Bezeugen kann ich es nicht. Und darum weiß ich nicht genau, ob es stimmt, daß ich nur deshalb noch immer schwerhörig bin, weil in Havanna der Fluch der Zigeuner schneller als der Mietwagen war. Ich weiß es wirklich nicht. Aber es macht Sinn.

J - WIE JUNGLE FEVER

Ja, es war eine schöne Zeit. Ich bin im Amazonas so rund zweimal pro Tag dem Tod von der Schippe gesprungen und habe mich dementsprechend wieder des Lebens gefreut. Es war auch sehr aufschlußreich, was meine Versäumnisse anging. Wenn das Leben unplanmäßig und überstürzt zu enden droht, fallen die einem immer als erstes ein. Scheiße, ja, man schiebt so vieles auf die lange Bank. Dabei ist sie gar nicht so lang. Am Oberlauf des Rio Negro ist ihr Ende Dir so nah, wie Deine Hand. Vielleicht hat mich die Sehnsucht nach genau dieser Einsicht in das Dreiländereck von Brasilien, Venezuela und Kolumbien getrieben, wo ich eine Gruppe von Goldsuchern begleitete. Sie waren auf dem Weg zu einem Camp, das 44 Tagesmärsche tief im Regenwald lag, plus einem Tag mit dem Kanu. Mit dem fing es an. Es drohte unterzugehen, weil es mit zuviel Lebensmitteln, Alkohol und dem Werkzeug der Goldsucher beladen war. Alles wichtige Sachen, das einzige Unwichtige auf dem Boot war ich. Man schlug vor, daß ich abspringe, um ans Ufer zu schwimmen, was ich auch tat. Neben dem Kanu döste ein Krokodil im Wasser. Ich hatte es nicht gesehen. Ich nahm es erst wahr, als ich draufgesprungen war. Das war mein Glück. Kleine Reptilienkunde. Es gibt Orinoko-Krokodile, und es gibt Mississippi-Alligatoren. Letztere findet man nicht im Amazonas, sondern am und im Mississippi sowie in Florida,

ECHT? DU HAST MENSCHEN GEFRESSEN ?!!
ERSTENS WAREN'S NUR TOURISTEN.... UND ZWEITENS HABEN DIE MICH MIT IHREM KOCHTOPFLÄRM DIE GANZE NACHT NICHT SCHLAFEN LASSEN !!

und sie greifen frontal an. Orinoko-Krokodile dagegen schnappen von der Seite. Keine der beiden Fraktionen ist es allerdings gewohnt, daß ihr Opfer auf sie springt. Das paßt nicht in ihr Jagdschema, das verblüfft ihr System. Und sie hauen ab.

Abteilung Großkatzen. Die größte in dieser Region ist der Jaguar. Entweder schwarz oder gefleckt, das ist ziemlich egal. Wichtiger ist, ob sie Menschen als Beutetier akzeptieren oder nicht. Von Natur aus tun sie das eigentlich nicht, aber hat ein Jaguar aus Dummheit oder übergroßem Appetit einen von uns mal verschlungen, gehört Menschenfleisch ab sofort zu seinem Speiseplan. Darum: Nie allein oder nur zu zweit durch den Dschungel gehen, größere Gruppen greifen Jaguare nicht an. Weil ich ein einziges Mal diese eiserne Regel nicht beachtete, kann ich hier noch ein paar nützliche Tips mehr geben. Ich hatte gemeinsam mit einem Halbkolumbianer und einem Halbchinesen das Gros unserer Truppe vorübergehend verloren, und wir machten es uns deshalb, als die Dunkelheit anbrach, im Busch gemütlich. Feuerchen, Töpfchen drauf und dann ab in die Hängematte. Die Katze überraschte uns im Schlaf. Wir konnten sie nicht sehen, aber hören. Fauchen, Knurren, Äste brachen. Und was nun? Gehe niemals in den Dschungel ohne Knarre. Erstes Gebot. Und alle drei hatten wir dagegen verstoßen. Die beiden Goldsucher, weil sie kein Geld dafür hatten, und ich, weil ich friedensbewegt bin. Also Macheten. Meine Begleiter hatten jeweils eine, ich hatte keine. Sie gaben mir den Topf und die Bratpfanne. Rücken an Rücken sitzend schlugen sie mit den Macheten blind in die Dunkelheit, ich machte den Lärm dazu. Katzen haben überempfindliche Ohren. Sie hassen es, wenn man Kochgeschirr wie Trommeln benutzt. Alles in allem dauerte das rund zwei Stunden. Und ein neuer Tag brach an.

Schlangen? In Indien sagt man folgendes: Was nachts wie eine Schlange aussieht, erweist sich am Tag oft als ein Ast. Für Indien mag das stimmen, im Amazonas ist das Quatsch. Da ist es umgekehrt. Es wimmelt von Giftzähnen im Regenwald. Schlimmste Schlange: „Bushmaster". Sie hat vier Giftzähne statt einem und verfolgt aufgerichtet ihre Opfer. Gegenstrategie: Gummistiefel tragen, mindestens kniehoch, und abends, bevor man sich in die Hängematte legt, steckt man sie umgekehrt auf irgendeinen Ast. Damit man am nächsten Morgen nicht schon beim Schuheanziehen gleich wieder tot umfällt.

K - WIE KOKOSNUSS

Kürzlich auf Ko Samui (Thailand) machte es beim Frühstück plötzlich rumms (oder bumms). Ein Geräusch, als wenn ein Meteorit im Sand einschlägt. Ein dumpfer, satter Sound, im Grunde oft gehört, aber nie wirklich registriert. Was war passiert? Neben mir lag eine Kokosnuß, die vorher da nicht gelegen hatte. Weil ich nichts besseres zu tun hatte, zählte ich dann die Kokosnußpalmen in meiner Bungalowanlage. Ergebnis: 40 Bungalows, 70 Palmen, rund 14 Nüsse pro Baum. Insgesamt waren das also knapp 1.000 Nüsse, die da über unseren Köpfen hingen. In etwa 20 Meter Höhe und jede gut und gerne zwei Kilo schwer. Zwei Kilo aus 20 Metern Höhe und eine sehr harte Schale. Mit einer Gehirnerschütterung ist das nicht vom Tisch. Das geht in Richtung Schädelbasisbruch, wenn so was nicht daneben fällt. Paranoid? Ich würde sagen, das Schicksal einer Kokosnuß ist der Fall zu Boden. Keine bleibt oben. Ich fragte deshalb die Chefin der Bungalowanlage, wieviele Touristen jährlich auf der Insel von den Nüssen erschlagen würden. Die Frau antwortete zunächst, als hätte ich sie was anderes gefragt. Die Kokosnuß sei ein Geschenk des Himmels, sagte sie, für alle, die nicht säen und nicht ernten und nicht frieren. Das Multitalent unter den Tropenfrüchten habe nicht nur jede Menge Nährstoffe und Vitamine, nein, in Verbindung mit Sahne, Ananassaft und weißem Rum würde sogar Pina Colada daraus.

Ich wiederholte also meine Frage. Oh, sagte die Chinesin, außerdem mache man aus dem Fruchtfleisch Pralinen und „Bounty“, und was würde aus der Touristenhaut ohne Körpermilch und Sonnenöl? Auch da sei Kokosnuß drin, wie übrigens auch in dem Kokosnußjoghurt und dem Kokosnußeis. Und aus den Schalen mache man schöne Aschenbecher oder Behältnisse für den Reis. Ich wiederholte meine Frage ein drittes Mal. Die Frau gab auf. „Ein Prozent“, sagte sie. Erstaunlich. Ko Samui ist groß, und ich schätze, es sind eine runde Million Kokosnußpalmen vor Ort. Und nur einem Prozent aller Touristen wird von heruntersausenden Nüssen der Kopf gespalten? Glaube ich nicht. Oder doch? Ich war eine Woche am Strand, und jeden Tag knallte irgendwo neben mir eine Nuß in den Sand. Jeden Tag! Aber keine hat mich je getroffen. Man gewöhnt sich regelrecht daran, daß sie links und rechts wie Bomben runtergehen und nichts passiert. Als wäre es ein Film. Ein Traum. Ein virtuelles Urlaubsparadies: Trotzdem würde ich jedem raten, sich nicht in Hängematten zu legen, die zwischen Kokosnußpalmen aufgehängt sind. Wer darauf nicht verzichten kann, sollte zumindest nicht schaukeln. Auch beim Sonnenbaden empfiehlt sich ein Sicherheitsabstand. Denn merke: Solange der Schatten eines Palmenblatts auf den Gesichtern liegt, ist man noch im Kokosnuß-Einzugsgebiet. Die Thailänder sagen übrigens, nur bösen Menschen fallen Kokosnüsse auf den Kopf. Das macht die Sache natürlich überschaubarer. Man geht einfach nur mit sich selbst ins Gericht („Was

WELCOME

bin ich?“) und wenn die Antwort „böse“ ist, sollte man an den palmengesäumten Stränden dieser Welt grundsätzlich einen Bauhelm tragen. Abschließend noch ein Fakt: Auf den Philippinen sind herunterfallende Kokosnüsse die häufigste Todesursache überhaupt.

L - WIE LIEBE

Wer nimmt denn Sand mit an den Strand, fragen die Brasilianer, wenn sie Urlauber sehen, die als Paare in Rio einfliegen. Ähnlich denken die Kubaner, die Jamaikaner sowie die Eskimos und jene glückseligen Insulaner, die in der Nähe des thailändischen Festlandes zu Hause sind. Stimmt. Und stimmt nicht. Sextourismus kann man buchen. Liebe nicht. Das hat mit ihrem Wesen zu tun. Kann man Liebe suchen? Ebenfalls negativ. Ich habe noch nie Liebe gefunden, wenn ich Liebe suchte. Sie gibt sich nicht dem Bedürftigen. Sie kennt keine Gnade. Sie ist nicht karitativ. Ist das ungerecht? Oder das Wort zum Sonntag? Ich denke, es sind die Probleme eines Reisejournalisten, der das Thema grundsätzlich klasse findet, es aber praktisch nicht auf die Reihe kriegt. Darüber weiß er nicht mehr als jeder, der zu Hause bleibt. Liebe eignet sich nicht für Tips.

Trotzdem. Es gibt Erfahrungswerte. Zum Beispiel reist man als Single nicht in die USA. Was wir Lächeln nennen, gilt in Nordamerika bereits als sexuelle Belästigung, und wer einmal in einem US-Motel als Lonely Cowboy vor dem Fernseher saß, weiß, was der Unterschied zwischen Alleinsein und Einsamkeit ist. Allein ist man mit Gott, einsam mit dem US-TV-Programm. Die Liebe in moslemischen Ländern zu suchen, ist ebenfalls nicht der Hit. Denn kurz ist der Rausch und lang ist die Liste der

Personen, die plötzlich auf Deiner Versorgungsliste stehen: Großfamilien sind nur romantisch, solange man kein Mitglied von ihnen ist. Außerdem verbietet der Islam die Liebe zwischen den Religionen. Wollen Sie konvertieren? Wollen Sie sich beschneiden lassen? Oder wollen Sie, daß der Mensch, den Sie lieben, aus seiner Gesellschaft ausgestoßen wird? Ich wollte das nicht. Darum klappt es mit der Liebe in Marokko nicht. Nicht mal im Iran. 1.000 und eine Nacht ist und bleibt die klassische Urlaubslocation für das Paar. Das Gegenteil ist wahr für ziemlich jedes Land in Lateinamerika. Diese Mischung aus Sonne, Rum und Salsa hat die Latinos zu Menschen gemacht, die man sich besser alleine ansehen sollte. Mit einem Partner wird das zur Qual. Immer wegsehen, immer weghören, immer abends erzählen, es wäre nichts passiert. Man stünde doch überhaupt nicht auf geile Körper, guten Sex und Temperament.

Letzter Aspekt: Was passiert, wenn man unterwegs die Liebe trifft und mit nach Hause nimmt? Da gibt es Beispiele. Mein Freund Harry trägt noch heute an seinem Hals ein Mal, das von einem Schraubenzieher stammt. Er hatte seine kubanische Freundin mit nach Hamburg gebracht. Er habe geschlafen, sie hat ihn mit dem Werkzeug wach gemacht. Sie wolle jetzt unbedingt und sofort Kleider, Schuhe und Make-up einkaufen gehen. Er sagte: „Schatz, es ist jetzt 2 Uhr nachts.“ Da hat sie ihn verlassen. Ich kann darüber nicht lachen. Meine kubanische Freundin wollte zum Frühstück Pizza. Ich fand das zum

Kotzen. Da hat sie eine Tasse nach mir geworfen. Die Tasse war bis zum Rand voll mit schwerem Earl Grey. Sie hat meine Schneidezähne (oben) getroffen. Zwei brachen, zwei wackelten, alles in allem machte das vier neue Kronen. Tat es ihr leid? Im Gegenteil. Sie erwartete Dankbarkeit. Sie sagte, ich sähe damit viel besser aus. Ich habe sie glücklicherweise lange nicht mehr gesehen.

M - WIE MOSKITOS KLATSCHEN

Moskitos lieben Touristen, weil sie so gut riechen. Gerade abends, wenn wir zu den Gala-Dinners schreiten, mit Gel in den Haaren und dem Duft unserer Parfüms und Seifen, sitzen die Moskitos auf der anderen Seite des Büfetts in Lauerstellung. Die Hotels tun das ihre. Sümpfe sind das natürliche Zuhause dieser Insekten, die künstlichen Lagunen in den Hotelanlagen sind dagegen von Menschenhand geschaffene Moskitoschutzgebiete. Sind die Architekten irre, die so etwas planen? Nein, sie kommen meist nicht aus der Gegend. Sie sitzen in klimatisierten Penthouseetagen irgendwo weit ab vom Schuß, weit ab vom Stich, sollte man besser sagen. Und sie vergessen. Wir alle vergessen die Qualen durchkratzter Nächte.

Moskitos sind die Kamikazeflieger unter den Insekten, die Mikro-Düsenjäger, die Bonsai-Migs, die heulend unsere Ohren umkreisen, bevor sie sich auf uns stürzen. Sie bohren sich sogar durch Moskitonetze, und ist auch nur eine drin, ist die Nacht dahin. Der Tip: Zwei Moskitonetze übereinander aufgehängt nehmen auch der tollkühnsten Mücke den Schwung. Und: die Lichtfalle. Die Lampen im Schlafzimmer ausmachen, die im Badezimmer anlassen, ein bißchen warten, und dann rein ins Badezimmer und alle abklatschen.

WIE WÄR'S MIT FLÜGELN, CHEF ?!
GUTE IDEE! HARHAR!!
PROJEKT 1
NAME: HELL'S ANGEL? MÜZILLA? TEUFELSFLIEGE? MOSQUITO!
AUGEN
RÜSSEL ZUM BLUTSAUGEN
BEINE (6? 8? 13?)

Es gibt Turniere im Moskitoklatschen. Ich las neulich auf der Seite eins der „Bangkok Post“ eine Meldung über die Weltmeisterschaft in dieser Disziplin. Ein Italiener hatte sie gewonnen. Die angesehene südostasiatische Zeitung schrieb wörtlich: „Congratulations. Standing ovations. The brutal Italian killed 27 mosquitoes with his bare hands in 15 minutes.“

Moskitos sind vogelfreie Wesen. Es gibt niemanden auf diesem Planeten, der sie schützen will. Weil niemand erklären kann, wofür sie eigentlich da sind. Jedes Tier, jede Bestie, selbst die Ratte und der Hai sind für irgend etwas gut, weil sie für irgend etwas anderes schlecht sind. Man nennt das ökologisches Gleichgewicht. Der Moskito ist darüber erhaben. Er ist für alle schlecht und für nichts gut, und von daher glaube ich, daß sie nicht von Gott geschaffen wurden. Sie sind das Jagdgeschwader der Hölle. Wie die Vampire wollen sie Blut, und sie wollen es nur in der Nacht. Wenn der Tag anbricht, sind sie weg. Einfach weg. Ich weiß nicht wohin. Viele sagen, sie verstecken sich auf dunklen Gegenständen, auf schwarzen Koffern, Taschen, BHs und Slips. Nur das dumme Insekt ruht an weißen Wänden. Klatsch!

Freunde und Helfer: Spinnen und Geckos fressen Moskitos. Erstere sind Zimmergenossen von ebenfalls nicht untadeligem Ruf, die Geckos dagegen sind supernette Haustiere. Sie sehen im ersten Moment ein bißchen komisch aus, für manche Geschmäcker sogar eklig, weil sie so nackt sind, so reptilienhaft, und man könnte meinen, sie fallen jeden Moment von der Decke oder von der Wand, an der sie kleben. Tun sie aber nicht. Es ist, als ob sie Uhu transpirieren.

Unbeweglich, lautlos, geruchsneutral, pflegeleicht. Der Gecko ist ein Reptil mit Manieren, aber das beste ist, was sie mit den Moskitos machen. Aus der Opferperspektive sieht das folgendermaßen aus: Eine nasse klebrige Zunge, etwa zweihundertmal größer als das Insekt, schießt plötzlich mit einem Affenzahn aus der Wand heraus und schleckt sie weg. Der Vorteil des Schleckens gegenüber dem Klatschen liegt auf der Hand. Es gibt keine Sauerei an der Wand.

N - WIE NO SMOKING

... wie mein Zimmer, heute nacht, kleine Unaufmerksamkeit an der Rezeption. Keine Lust, das Zimmer zu tauschen. Es gefällt mir. Ich asche in ein Wasserglas, die Kippen sehen schlimm darin aus, und morgen werden sie lüften müssen, aber man kriegt es nicht mehr raus. Im Flugzeug ging lange Zeit auch noch was. Die Rauchmelder auf den Toiletten konnten mit den Plastikbechern, aus denen man Orangensaft trinkt, abgedeckt werden. Inzwischen geht das nicht mehr. Die Rauchmelder sind in die Toilettendecke eingelassen, mit einem Gitter davor. „Sie haben auf der Toilette geraucht", sagte die Chefstewardeß der KLM. „Woher wissen Sie das?" „Meine Kollegin hat es mir gesagt." „Dann will ich jetzt mit meinem Anwalt sprechen." Sie lachte, ich spürte, daß sie lachte, aber anmerken ließ sie es sich nicht. Sie drohte, mich im Wiederholungsfall bei der Polizei am Zielflughafen abzugeben, also eine Nacht Knast, das Visum wird widerrufen, Rückflug mit der nächsten Maschine zum IATA-Tarif (Normaltarif).

Ich kann mich schon lange nicht mehr darüber aufregen und erwähne es nur der Ordnung halber. In jeder Pilotenkapsel ist eine black box, die die letzten Gespräche der Piloten vor dem Absturz aufzeichnet. Alles mögliche kam so zutage. Eine Maschine der Royal Air Maroc stürzte über dem Hohen Atlas ab, weil der Pilot Liebeskummer hatte (Selbstmord); die Indian Air hatte mal beim Landen Probleme, weil die Stewardeß dem Kapitän einen blowjob verpaßte und er darüber das Ausfahren der Räder vergaß; es gab Triebumkehrschub-Fehlfunktionen und Störche, die auf ihrem Weg nach Norden durch die Turbinen flogen, aber nicht ein einziges Mal hat die black box das Rauchen als Unfallursache dingfest gemacht, nicht ein einziges fucking mal! Na egal, man gewöhnt sich dran, man mutiert zu einem Organismus, der es neun Stunden ohne Zigaretten aushalten kann. Schlaf, Raucher, schlaf.

Unfair dagegen ist das Rauchverbot in Restaurants. Das ist schlimmer, als würde man Musik im Bett verbieten. Daß man in die USA als Raucher nicht mehr reisen kann, ist nicht neu, aber daß dasselbe plötzlich auch für Thailand gilt, hat mich überrascht, als ich neulich in Bangkok war. In den Hotellobbies, in den Internetshops, in allen Restaurants, selbst beim besten Italiener der Stadt. Und Indien zieht schon mit. Die Singapurisierung Asiens hat mir den Kontinent etwas madig gemacht. Alternative: Südamerika. Auf die Latinos ist Verlaß. Auf die Türken auch. Griechenland, Spanien, Italien, Südeuropa raucht, der Osten raucht. Gott sei Dank: Niemand in Nowosibirsk wird uns eine Zigarette verbieten. Wir sprechen hier von der miesesten kleinen Droge, die Gott auf der Welt anpflanzte, ganz klar, aber wir sprechen hier auch von Filmen mit dem jungen Delon und vom Frühstück bei Tiffany, wir sprechen von einer Welt, in der es noch Koffer gab, die

SIR, ES IST MIR EGAL, OB DAS IHRE LETZTE IST!... DAS RAUCHEN IN DEN TOILETTEN IST STRENGSTENS UNTERSAGT!
Air Condition

nicht rollten, und Damen, die nicht wollten. The good old days der Filterlosen. Wir sprechen von einer Welt mit Geschmack. Durch eine andere möchte ich nicht reisen.

O - WIE OHNE WORTE

Englisch sprechen wir ja eigentlich alle. Vielleicht nicht gut, aber es gibt keinen Grund, sich zu schämen, denn unsere Gastgeber können es in der Regel auch nicht besser. In Asien und Afrika kommt man locker mit der berühmten Pidgin-Variante dieser Weltsprache durch. Da reichen ein paar aus Film, Funk und Fernsehen bekannte Wörter als Basis, der Rest ist Improvisation.

Komisch ist, daß im Pidgin nie ein einfaches I genügt, wie I go oder I don't go, sondern sie stellen dem immer noch ein me voran. Me, I go. Me, I don't go. Dasselbe gilt für Sätze, die eigentlich mit my beginnen. (Me) my name is Fatima, me I love you. Warum sie das so machen, weiß Gott allein. Falsch beraten ist dagegen jeder, der glaubt, er könnte auch in Lateinamerika mit Englisch vorankommen. Da sprechen sie Portugiesisch (Brasilien) oder Spanisch (der Rest) und sonst gar nichts. Südamerikaner mögen keine Nordamerikaner, und sie boykottieren deren Sprache.

Wer kein Spanisch beherrscht, sollte sich für den Anfang folgenden Satz merken. „Yo (ich) soy (bin) no yankee (kein US-Bürger)." Was sind wir dann? Alemanes (Deutsche). Ein Zauberwort in diesem Zusammenhang. Aus was für Gründen auch immer lieben uns die Latinos bis zum Abwinken. Mit Fußball kann das nichts mehr zu tun haben. Sie lieben uns, aber sie verstehen uns nicht. Und weil in allen Latinos latent Talent fürs Schauspielen schlummert, werden sie nun handgreiflich. Fundamentale Bedürfnisse, wie die nach Essen, Trinken und Schlaf per Zeichensprache auszudrücken, ist natürlich kein Ding, aber was macht man, wenn man Vegetarier ist. In Argentinien zum Beispiel. Da gehören die Hände links und rechts auf den Kopf, mit zum Himmel gestreckten Zeigefingern. Und: „No." Für die Abneigung gegenüber Hammelfleisch genügt dieselbe Handhaltung plus ein gestottertes Määäääa und wieder: „No." Schweinefleisch? Die haben keine Hörner, aber Ringelschwänzchen und machen oink. Natürlich geht's einfacher, wenn man sich merkt, daß Fleisch auf Spanisch carne heißt. Trotzdem kommt man auch mit diesem Fremdwortschatz nicht drumherum, ein Huhn nachzumachen. Geflügel gilt in Lateinamerika nicht als ein Fleischgericht. Damit wir uns richtig verstehen, es gilt auch nicht als verdura (Gemüse). Es ist irgendwas dazwischen. Fisch heißt übrigens pescado(s), und man sollte diese Kenntnis unbedingt nutzen, denn eine wellenförmige Bewegung mit der Hand ist leicht als Schlange zu deuten. Man glaubt gar nicht, was die Leute so alles essen.

Sie sprechen Spanisch und Englisch, aber kein Französisch? Viel Spaß in Paris. Was die Franzosen mit den Lateinamerikanern gemeinsam haben, ist, daß auch sie keine andere Sprache sprechen als ihre eigene. Was die Franzosen von den Latinos unterscheidet, ist ihre Arroganz. Für die Angehörigen der Grande Nation sind wir alle nur Affen, wenn wir des Französischen nicht mächtig sind. Tip: „C'est ne pas très amusant", oder „senepaträsamüsohn" (Lautsprache). Das heißt „es ist nicht sehr amüsant", und es ist der einzig richtige Satz, wenn sie uns nicht bedienen wollen, nicht antworten, nicht für fünf Cent reagieren. Weil er a) immer paßt und b) nicht zu den Stereotypen gehört, die jeder Tourist beherrscht, wie „Voulez-vous coucher avec moi?" („Wollen Sie mit mir schlafen?"). Ich für meinen Teil wollte noch nie mit jemandem ins Bett, der mich erst ohne Ende auf den café au lait warten läßt, um mir dann doch nur einen schwarzen Kaffee zu bringen. Obwohl ich meinen Wunsch nach Milch mit der Pantomime des Melkens (zwei nicht ganz geschlossene Fäuste, die sich synchron auf- und abbewegen) deutlich zum Ausdruck gebracht hatte.

ÄH... WIE WAR DAS NOCH BEI TIMMERBERG?
...ACH JA... "VOULEZ-VOUS COUCHER AVEC MOI, CE SOIR?"
CLIQUE
CE N'EST PAS TRÈS AMUSANT!

ÄH, NEIN... FALSCH!...
"YO SOY CARNE"?
NIKON

P - WIE PEINLICHE GARDEROBE

Shorts zum Beispiel. Von Marokko bis Belutschistan gelten freigelegte Männerbeine nicht als Klimaanpassung, sondern als homosexuell. Frauen haben andere Probleme. Sie waren nicht aus Jux und Dollerei den ganzen Winter im Fitneßstudio. Sie wollen Erfolgsmeldungen unters Volk bringen. Keine Zellulitis. Doch das Leben besteht leider Gottes im großen und ganzen aus Knöpfedrückerei. Wir sehen ein Detail, und – zack – fährt ein Programm ab. Was Orientalen vor sich sehen, wenn eine Frau in Shorts vorübergeht, ist eine Hure. Sie meinen das nicht böse. Das ist ihre Leitkultur. In diesem Fall eine unheilvolle Kombination aus zwei Traditionen. 1. Im Orient reist eine Frau nicht allein. Die einzigen, die das dürfen, sind die Prostituierten. Und 2. Nicht mal die Prostituierten dürfen Shorts tragen. Natürlich weiß der aufgeklärte Orientale um die Sitten des Westens. Aber es gibt noch viele Unaufgeklärte. Ein Fischer am Unterlauf des Nils weiß möglicherweise nichts darüber. Der Anblick von einem zellulitisfreien Poansatz würde dann bei ihm ein Knöpfchen drücken, das einer Frau den ganzen Tag versauen kann.

Weitere Peinlichkeiten in Sachen Garderobe? Neulich am Rande der Sahara war ich mit zwei Leuten einer Show-Event-Agentur unterwegs sowie mit sieben Mana-

DIE MÄNNER LAUFEN HIER ALLE 'RUM WIE HUREN!! EKELHAFT!!
ABER ALI! ... ANDERE LÄNDER-ANDERE SITTEN! ... SO, UND JETZT WILL ICH DAS HOFBRÄUHAUS SEHEN!
MOOSGRUBER HERRENMODE MUNICH

gern eines Energiekonzerns. Wir wollten in die Wüste, aus Gründen, die hier nichts zur Sache tun. Das Ziel waren die Wanderdünen von Mhamid. Die Jeeps starteten an den Ausläufern des Hohen Atlas. Dazwischen lagen 270 km, mehrere Orte und Oasen, auch Tankstellen und Restaurants sowie Kamele und Nomaden. Die beiden von der Show-Event-Agentur hatten nun die Idee, ihre Klientel bei der Abfahrt in Beduinenjelabas zu kleiden, plus Turban. Einer der beiden war intelligent. Als ich ihm erklärte, daß deutsche Konzernbosse in Nomadenkleidern in dieser Gegend ähnlich dämlich rüberkommen wie Marokkanerinnen, die in Deutschland Dirndl tragen, war die Sache vom Tisch.

Zum Thema underdressed: Ich neigte mein Leben lang zu legerer Garderobe. Auch für festliche Anlässe zog ich meine Jeans nicht aus. Auf Kuba machte ich eine Bewußtseinsveränderung durch. Kubaner haben in der Regel kein Geld. Oft auch keine Kühlschränke. Aber wenn sie ausgehen, sehen sie wie die Erben von Zuckerbaronen aus. Wenn man genauer hinschaut, sieht man, daß die Anzüge alt sind. Die Kleider auch. Sie wurden gekauft, als man sicher sein konnte, daß man ausgewachsen war. Der Anzug fürs Leben. Gepflegt wie ihr Haar, ihr Bart und ihre Koteletten. Das ist weder Angabe noch Hochstapelei. Armut ist Schicksal, ein blödes Gesicht ebenfalls, aber schlecht gekleidet ist einfach nur Nachlässigkeit. Oder schlimmer: Geringschätzung des Gastgebers und seiner Gäste. So denken sie von Buenos Aires bis Miami Beach. Gute Garderobe ist eine Frage der Ehre, sagen sie, und Jeans sind nicht ehrenhaft. In Texas schon.

Q - WIE QUADRUPEDE
(VIERFÜSSLER)

Es geschah in der Sahara. Aber es hätte auch auf der Sinaihalbinsel geschehen können oder in der Wüste von Rajasthan. Am ersten Tag ritt ich ein sturznormales Kamel der Beduinenklasse. Es war sehr hoch und sehr unbequem. Mich wundert in diesem Zusammenhang, daß man die Araber immer heißblütig nennt, denn ich wäre nach einer Woche auf ihren Kamelen impotent. Am nächsten Tag gaben sie mir ein anderes Tier. Das schaukelte nicht weniger, war aber außerdem bösartig. Es trachtete mich zu beißen, während ich es ritt. Dafür drehte es den Kopf zu mir herum, was Kamele können, weil ihre Hälse so lang sind, und schnappte mit seinem gleichermaßen furchterregenden wie ungepflegten Gebiß nach mir. Dazu trumpfte das Tier mit einer Art special effect. Es war einäugig. Die Beduinen hatten das fehlende Auge durch eine Glasscheibe ersetzt. Meine Empfehlung diesbezüglich: Kamele, auf denen Touristen sitzen, werden grundsätzlich geführt. Ein Nomade geht voran und hält es am Zügel. Es handelt sich hier also um eine Geschwindigkeit, bei der man ohne Probleme auch zu Fuß mithalten kann.

Andere Gegend, andere Quadrupeden. Elefanten sind an und für sich sehr nette Tiere. Gemessen an ihren Möglichkeiten, könnte man ihr Verhalten den Menschen

WAHRSCHEINLICH SO EINE ART KUNDENLISTE, ODER ?....
GERMANS
SWISS
YANKEES
FRENCH
BRITISH
DUTCH
ELEPHANT RIDE $20,-

gegenüber generell gutmütig nennen. Sie flippen nur selten aus. Aber wenn sie ausflippen, ist es jedes Mal tödlich. Nichts hält einen wütenden Elefanten auf, außer vielleicht ein Panzer. Sie sind unheimlich stark und unheimlich groß, und mit dem Rüssel erwischen sie dich noch bis zum ersten Stock. Am gefährlichsten sind die Bullen während der Paarungszeit. Die Brunft überkommt sie wie ein Hammerschlag. Man könnte sagen, dann weinen sie vor Schmerzen, aber was da in einem schmalen Rinnsal aus ihren Augen läuft, sind keine Tränen, sondern pures Testosteron. Das macht sie übernervös.

Allen Mahuts (ind. Elefantentreiber), die entweder zu Tode getrampelt oder zu Tode „gerüsselt" wurden, ist dieses Ungeschick während der Brunftzeit ihrer Tiere passiert. Und man sagt, das passiere oft. Man sagt, daß der gewaltsame Tod zum Berufsbild des Mahut nun mal dazugehört. Was man als Tourist dagegen tun kann?

1. Trösten Sie nie einen „weinenden" Elefanten.

2. Wenn ein Elefantenritt angeboten wird, sollte man sichergehen, daß es ein weibliches Tier ist.

Und 3.?

Dazu eine Meldung aus der „Bangkok Post", die ich neulich in Thailand las. Zwei Touristen wurden in einer Nebenstraße im Stadtteil Sukhumvit von einem Elefantenbullen zu Brei getrampelt, weil einer der beiden das Tier fotografiert hatte. Sein Fehler: Er hatte das Blitzlicht nicht ausgeschaltet. Das hat den Elefanten kurzfristig wütend gemacht.

Andere Quadrupede, andere Probleme. Alpakas, die kleinen Lamas der Anden, spucken, wenn ihnen was nicht paßt. Alpakaspeichel im Gesicht, und Sie verlassen eine Woche ihr Hotelzimmer nicht, weil Sie so gotterbärmlich stinken. Waschen hilft da nicht. Da braucht es Hauttransplantationen.

Und: Treten Sie niemals eine Kuh in Indien.

R - WIE RÄUBER

Es gibt die Angst vor dem Diebstahl. Und es gibt den Diebstahl. Letzteres ist das seltenere Phänomen. Innerhalb von 20 Jahren ist es mir nur dreimal geschehen, und ich kann wirklich nicht sagen, daß ich besonders vorsichtig bin. Ich war auch nicht ausschließlich in der Schweiz unterwegs. Mein Vater meinte mal, es könne daran liegen, daß ich selbst ein bißchen kriminell aussehe. Falls er recht hat, wäre das mein erster Tip.

Und hier die erste Geschichte:

Im Alter von 17 Jahren reiste ich overland nach Indien. Teils per Anhalter, teils per Bus, die Etappe von Griechenland bis Istanbul fuhr ich mit dem Zug. Als ich am Bosporus aus dem Bahnhof trat, waren da eine Menge Türken. Damit jetzt kein Aufschrei durch die politisch korrekte Szene geht: Türken klauen auch nicht mehr als wir, okay? Es war im November und gehörig kalt. Ich trug ein paar schwer gefütterte Lederhandschuhe. Einer der Türken stellte sich mir in den Weg und bewunderte sie. Ob er die Handschuhe mal näher betrachten dürfe? Wie gesagt, ich war 17, also doof wie Brot, außerdem in etwa so groß wie der Mann, aber nicht so breit. Ich gab ihm die Handschuhe. Er zog sie an, und sie schienen ihm zu passen. Mehrmals schlug er wie ein Boxer die Fäuste gegeneinander und bedankte sich für das Geschenk. Was hatte ich falsch gemacht? Ich glaube nichts. Manchmal ist Geben seliger, als es nicht zu tun.

Beispiel Nr. 2: Die allseits geschätzte Flughafenkriminalität. Location: der internationale Aeropuerto von Caracas (Venezuela). Ich war mit einer Airline nach Kuba unterwegs, die es inzwischen nicht mehr gibt. Weil ich Silvester in Havanna feiern wollte und auch länger zu bleiben gedachte, hatte ich einen Koffer mit hübscher Garderobe gepackt. Zwei dreiteilige Anzüge, sieben Hemden von van-Laack, ein paar brandneue Schuhe. Bis Caracas gehörte das alles mir. Um auch hier Mißverständnissen entgegenzuwirken: Latinos klauen auch nicht mehr als Türken. Ich mußte den Flieger wechseln, und irgendein Flughafenangestellter hat den Koffer vom Laufband geschnappt. No problem sagten die Airline-Offiziellen. Es gibt für Diebstahl in ihrem Verantwortungsbereich internationale Tarife. 10 Dollar pro Kilo. Seitdem weiß ich, wieviel ein van-Laack-Hemd wiegt. So um die 700 Gramm. Aber es kostet 150 Euro. Irgendwie kein wirklich gutes Geschäft. In Havanna angekommen, besaß ich nur noch, was ich am Leib trug. Thema werden hier meine Joggingschuhe. Sie hatten ein Geheimfach in der Sohle. Weil ich ein gebranntes Kind war, verstaute ich darin die eiserne Reserve. Ein paar Tage später schlief ich suffbedingt nicht in einem Hotel, sondern irgendwo anders. Nach dem Erwachen war mir, als habe mir jemand Nägel in den Schädel gehauen. Außerdem waren schon wieder meine Klamotten weg. In diesem Fall mein letztes Hemd. Und meine Schuhe! Zuerst habe ich mich schwarz darüber geärgert, später hat es mich amüsiert. Das Geheimfach der Nikes war wirklich raffiniert. Wer davon nichts wußte, suchte es nicht, und wer es nicht suchte, fand es nicht. Da läuft also ein Kubaner mit meinen Turnschuhen durch die Gegend, und vielleicht hat er mal Hunger auf Hühnchen, vielleicht will er mal in eine Diskothek, vielleicht will er mal ein Mädchen. Alles Dinge, die für ihn viel zu teuer sind, falls er kein Koks verkauft. Und der Junge hat keine Ahnung davon, daß er seit Jahren auf 500 US-Dollar geht.

ERNESTO! ERNESTO! DU HAST DOCH VOR JAHREN EINEM BESOFFENEN AUSLÄNDER DIE TURNSCHUHE GEKLAUT! JETZT RATE MAL, WAS ICH IN DIESEM BUCH GELESEN HABE!!!
DA SOLL NOCHMAL EINER SAGEN, DEUTSCH ALS FREMDSPRACHE BRINGT NIX!!! ...
TIMMERBERGS REISE ABC
NIKE
SEÑOR! POR FAVOR! HAMBRE!*
* HUNGER!

S - WIE SHAVE

Havanna. Gestern nacht haben wir zu dritt zwei Flaschen Rum konsumiert und dann noch zu zweit auf dem Dach ein bißchen Liebe gemacht. 7. Stock, mit Blick über die Altstadt bis zum Meer. Eingeschlafen so gegen fünf und so gegen zehn wieder aufgewacht. Was ich sagen will: der Tag fing nicht so gut an, wie die Nacht zu Ende gegangen ist. Kaffee leistet da Notfalldienste. Ein doppelter Espresso zu Hause, dann drei in der Bar Monserrate. Von Miami aus gesehen liegt die Bar Monserrate rechts vom Parque Central, mein Barbier dagegen geht links davon seiner Arbeit nach.

Mit Barbieren ist es wie mit Steuerberatern und Zahnärzten. Man wechselt sie nicht, wenn man gute hat. Ich habe einen in Marrakesch, einen in Delhi, in Bangkok ist es eine Frau, was unmoralisch ist, weil sie ständig versucht, die Gesichtspflege auf andere Körperteile auszudehnen. In Havanna ist es ein kleiner Laden in der Calle Consulato, eine Tür neben dem Hotel Lido. Das sind sieben Minuten zu Fuß vom Monserrate, und ich mußte ein bißchen warten. Ich tat das vor der Tür. Streetlife in Havanna. Eine schwarze Oma wollte mir Kokain verkaufen, „hau bloß ab“, zwei Jungs boten mir Zigarren, „mag ich nicht“, und alternativ ein Mädchen an. Das Mädchen war schön, aber offensichtlich von schlechtem Charakter, außerdem habe ich schon eins. Doch so vergeht die Zeit. Ich war dran. Juan drehte den Stuhl praktisch in die Waagerechte. Das heißt, ich nahm nicht Platz, ich legte mich. Ich schloß die Augen. Aus einer Art Friteuse holte er ein heißes, feuchtes Tuch, legte es auf mein Gesicht, und ich begann zu träumen. Im Radio nicht Salsa, sondern „Maria Mariaaaaa" von Santana. Das Messer liegt ebenfalls in der Friteuse. Angst vor Aids? Ist die Klinge jungfräulich, gibt's kein Problem. Wurde sie bereits benutzt, muß sie abgeflammt werden. Dann darf's ruhig mal bluten. Aber es blutet ja nie. Fast nie. Friseure der Dritten Welt rasieren so etwa zwanzigmal am Tag, und das seit 20 Jahren oder 10. Wer 3.000 bis 6.000 Naßrasuren hinter sich hat, führt die Klinge mit Meisterhand. Das fühlt sich wie Massage an. Messerzart. Zwischendurch immer wieder heiße Tücher aus der Friteuse und dann doch noch Salsa bei Radio Havanna. In dem Laden an der Consulato links vom Parque Central währt das Vergnügen so runde 15 Minuten, denn kubanische Barbiere sind nicht von Haus aus schwul, wie z. B. die indischen. Die wollen einen pudern, die Kopfhaut massieren und chiropraktische Maßnahmen ausprobieren, wie das ruckartige Verdrehen der Halsmuskulatur. Das verbiete ich ihnen. Die Kubaner haben einen Massageapparat sowjetischer Bauart, den ich auch nicht mag, weil ich immer den Eindruck habe, daß mir davon das Gebiß zerbröselt. Und zum Abschluß desinfizierte Juan die Wangen auf folgende Art: Er nahm Rum statt Rasierwasser. Ich war endlich wach.

MEIN FRISEUR IN MARRAKESCH...
ISCH HABB DISCH GESEH'N... MIT MEIN TOCHTER... ....DU SIE WILLST HEIRATEN, JA?...

Kuba, das ist eine Zeit her. Ich denke manchmal dran, wie an einen Film. Es ist erstaunlich, wie und was die Zeit relativiert. Kuba war die schönste Zeit meines Lebens. Die ruhigste dagegen ist jetzt. Derzeit werde ich in Wien rasiert. „Musek & Musek“, das „s“ wird wie „sch“ gesprochen und das „k“ sehr hart. Ein echter Geheimtip. Man wird mit „Herr Hofrat“ begrüßt und mit „Herr Geheimrat“ entlassen. Spezialität: der Dreitagebart. Er sieht nicht italienisch aus, sondern hat k. u. k.-Klasse.

T - WIE TRINKGELD

Ein großes Hotel hat viele Zimmer, und viele bestellen sich was. Wer den Roomservice angemessen tipt (international üblich: 1 Dollar), zählt zu den Privilegierten, die nicht nur sofort bedient werden, sondern auch bekommen, was sie bestellt haben. Hier kein Trinkgeld zu zahlen wäre blöd bis masochistisch. Im Grunde dasselbe gilt für die Restaurants und Bars im Hotel, und richtig wichtig ist der Tip an der Rezeption. 10 bis 20 Dollar Trinkgeld beim Auschecken – und wenn Sie wieder einchecken, kriegen Sie nicht nur jederzeit ein Zimmer, sondern zudem eins Ihrer Wahl. Umgekehrt sieht's so aus: Wer den Zimmerservice nicht tipt, wartet stundenlang bis ewig, wer dem Rezeptionisten nichts gibt, wohnt beim nächsten Mal schlechter und teurer, nur bei den Zimmermädchen bringt Geiz, außer einem schlechten Gewissen, keine Nachteile. Zimmermädchen erwarten nichts. Deshalb überrascht und erfreut sie Trinkgeld unter dem Kopfkissen ungemein, und ein Lächeln zu provozieren, das man selbst nicht mehr sieht, hat Stil. Außerdem gibt es Telepathie. Und schöne Geschichten. Folgende erzählen die Chinesen: Ein alter Handwerker wurde eines Tages so alt und schwach, daß er sein Werkzeug kaum noch halten konnte. Seine Leute beratschlagten sich und nahmen ihm das Werkzeug weg. Ab sofort aß und trank der alte Mann nichts mehr am Morgen, nichts mehr am Mittag, nichts mehr am Abend, und als das am nächsten Tag so weiter ging und am übernächsten auch, fragten sie ihn. „Wenn ich nicht mehr arbeiten darf, dann will ich auch nicht mehr leben“, antwortete der alte Mann. Analog dazu fällt mir nur ein, daß auch ich nicht mehr reisen will, wenn ich keine Trinkgelder mehr geben kann.

U - WIE UMSCHALTEN

So wie ich meine Augen kenne und meine Füße und meine Zähne, so kenne ich auch diesen Schalter in mir, der sich mal auf Plus und mal auf Minus umschaltet, und ich kann gar nichts dafür. Wenn er auf Minus zeigt, geht nicht etwa alles, was schief gehen kann, auch schief, sondern es ist alles schief. Keine Suppe ohne Haar, kein Bad ohne Kakerlake. Kein Lächeln ohne Trinkgeld. So fängt es an. Nächste Stufe: Was um Gottes willen will ich hier? Was habe ich hier verloren? Dritte Stufe: keine Antworten. Dann ist der Ofen aus. Verloren in der wahnwitzigen Idee, das Glück so weit weg wie möglich von zu Hause zu suchen, wird jetzt offenbar, daß es so nicht geht. Die Reise wird damit sinnlos und damit in jedem Fall zu teuer und damit kontraproduktiv. Dann legt sich der Schalter um. Auch dafür kann ich nichts. Manchmal kann ein Windhauch was dafür, oder ein spezieller Einfallswinkel des Lichts, manchmal ist es ein Lied, ein Blick, ein Lächeln, was weiß ich. Ein Duft. Ein Gedanke. Eine unsichtbare Berührung. Oder die Berührung eines Unsichtbaren. Hat ein Engel Hand angelegt? Auch das kann sein. Menschen, die man eben noch faul genannt hat, nennt man jetzt entspannt, überfüllte Städte sind belebt, und die Indian Railways ist nicht mehr länger die unpünktlichste Eisenbahn der Welt, sondern witzig. Ich habe im Laufe der Jahre gelernt, nicht allzu laut zu lachen, wenn das passiert, weil die Zurückhaltung im Triumph auch die Zurückhaltung gegenüber der Niederlage trainiert. Für den Urlaub übersetzt bedeutet das, den Weg der Mitte zu buchen. Wo? Im Reisebüro vom lieben Gott. Gibt's das auch in Ihrer Stadt? Das gibt's in jeder beseelten Brust. Und hat überall Filialen, wenn man so will. Wie die Konkurrenz. Auch des Teufels Reisebüros finden sich an jeder Ecke. Gibt es Teufel? Nur wenn es auch Engel gibt. Sollte das so sein, habe ich doch noch einen Tip fürs Umschalten auf Plus. Kerzen fürs Hotelzimmer kaufen. Ihr Licht zieht Engel an.

KEIN REGEN, KEINE KÄLTE, KEINE STAUS, KEIN STRESS, KEIN DRECK...
...ICH GLAUB', ICH WILL HEIM!

V - WIE VERBOTE

Es ist nicht nur verboten, Drogen mit über Grenzen zu nehmen, es ist auch nicht cool. Man spielt mit seinem Leben. Hin und wieder ganz und gar und manchmal auch nur in dem Sinne, daß man die Karten in diesem Spiel neu verteilt. Weil man die Arschkarte zieht.

Ich hörte von einem Berliner Drachenflieger, der nach Rio gebucht hatte, um über den Stränden der Copacabana zu fliegen und den Jesus zu machen. So nennen sie die schwierigste Route vor Ort, weil Jesus eigentlich zu weit entfernt von ihrer Startrampe liegt. Bei der Einreise nach Brasilien wurde ein Joint gefunden, obwohl niemand danach gesucht hat. Der Joint lag im Reisepaß des Drachenfliegers. Vergessen? Geisteskranke Freunde? Egal. Ein Joint, ein Jahr.

Zu diesem Themenkreis interviewte ich auch einmal auf den Philippinen einen Deutschen und einen Schweizer, die in Manila in U-Haft geraten waren. Die Polizei hatte irgendwas um 20 Kilo Haschisch in ihrer Nähe gefunden. Die beiden sagten, die Drogen seien nicht von ihnen, und sie hätten auch nichts davon gewußt. Das hätte stimmen können, denn sie waren Gäste in einem Haus, dessen Besitzer als Drogendealer bekannt war. Der war verreist. Sie waren da. Bei ihrer Einlieferung ins Gefängnis wurden sie von allen anderen Häftlingen zusammengeschlagen, weil das so Sitte war, und als ich sie besuchte, saßen sie bereits seit sechs Monaten Tag für Tag in einem öden, hitzeüberfluteten Gefängnishof herum und warteten auf ihre Hinrichtung. Die philippinischen Medien und allen voran der Justizminister forderten die Todesstrafe. Hängen sollst du unter Palmen? Nein. Sie haben eigens für die Hinrichtung des Deutschen und des Schweizers einen elektrischen Stuhl in den USA bestellt. Für um die 250.000 Dollar.

Kontinentwechsel. In Goa (Indien) saß ein Häuflein Touristen im Garten ihres Gästehauses und rauchte Chillums. Wie das alle hier tun. Immer schon. Da kamen sieben Uniformierte aus dem Dunkeln und riefen: „Police, police, money, money." Verhandlungsbasis: Wer nicht zahlt, kommt in den Knast. Wer im Knast ist, kommt zehn Jahre nicht mehr raus. Nur einer weigerte sich zu zahlen. Ein Engländer. Er war der einzige in der Runde, der grundsätzlich keine Drogen nahm. Er sah es einfach nicht ein. Sie nahmen ihn in ihr Bezirksgefängnis mit, und er wurde nur aufgrund massiver Intervention seiner Botschaft nach zwei Jahren vorzeitig entlassen. Glück gehabt. Anderen Häftlingen stechen sie die Augen aus, damit sie nicht fliehen können.

Da drängen sich natürlich ein paar Fragen auf. Warum greifen Länder, in denen früher der Drogenkonsum üblich und straffrei war, heute so hart durch? Weil sie Drogen hassen? Nicht wirklich. Was sie hassen, ist die Einmischung Europas und der USA. Seit Jahrzehnten werden die Erzeugerländer von uns unter Druck gesetzt, Anbau und Handel von Drogen konsequenter zu bekämpfen. Gedroht wird mit Einstellung von Entwicklungshilfe und wirtschaftlichen Repressionen. Für die betroffenen Staaten ist das (Post-)Kolonialismus. Trotzdem müssen sie sich fügen. Aber wenn sie sich schon fügen müssen, dann am liebsten mit Ausländern. Das sind zwei Fliegen mit einer Klappe. Erstens weisen sie Erfolge auf, und zweitens können sie sagen, daß sowieso nur die Touristen die Probleme machen. Und wenn dann noch die Botschaften der Länder, die den Anti-Drogen-Krieg entfachen, ihre Leute aus den Gefängnissen wieder herausholen wollen, ja, dann können die Brasilianer, Inder, Philippinen, Thailänder und Marokkaner nur noch lachen. Ausnahmen? Na klar. Japaner, zum Beispiel, braucht niemand zu härterem Durchgreifen zu animieren. Die sind traditionell härter als wir. Ich hörte diesbezüglich von einem Lufthansa-Steward, der es sich angewöhnt hatte, auf den Flügen nach Tokio ein wenig in Import/Export zu investieren. Während seiner Stopovers in Bombay kaufte er die Drogen ein, in Japan verkaufte er sie wieder. Die Gewinnspanne war optimal. Es mag zwar Orte geben, in denen Drogen noch billiger sind als in Bombay, aber es gibt keine, in denen sie so teuer sind wie in Tokio. Das klappte zwei-, dreimal, denn Crewmitglieder der großen Gesellschaften werden vom japanischen Zoll mit einem gewissen Vertrauensvorschuß geehrt, aber beim nächsten Mal klappte es dann nicht. Sie haben nicht mal in den Koffer geschaut, in dem die zwei Kilo waren, sie warfen nur einen Blick in sein Handgepäck. Da fanden sie Zigarettenpapier, was in vielen Ländern ein Indiz für Drogen ist. Und dann finden sie auch den Rest. Sieben Jahre Zwangsarbeit.

W - WIE WEIHNACHTEN UNTERWEGS

Weihnachten in Havanna.

Im Palacio de Salsa, 30 Meter vom Karibischen Meer. Irgendwo stand auch ein Weihnachtsbaum, aber er war nicht mehr zu sehen, weil die Katholiken am Boden und die Katholiken auf den Tischen (Stühlen, Theken) tanzten, als gäbe es kein Morgen. Jahrelang hat die Partei versucht, Jesus von der Insel zu kriegen, inzwischen hat sie es aufgegeben, eine Heilige Nacht pro Jahr hat ihren Segen, und die Gebete sind frei. Dios, ampara mi. Ach Gott, beschütze mich. So singen sie auf der Bühne, so singen sie im Saal, und der Rest wird mit den Hüften gebetet, zu schnell für mich. Darum nahm ich eine Flasche Rum und ging zum Malecón.

Acht Kilometer zieht sich die Straße an der Bucht entlang, nur durch eine hüfthohe Mauer vom Meer getrennt. Es ist die Mauer der Verliebten und der Armen. Zu den Sternen sah ich auf und hinüber zu der alten Festung Morro (gegen die Piraten), und da waren sie schon, zu viert oder fünft, und einer spielte Gitarre. Bleibt nur noch zu sagen, daß der Wind in unseren Haaren so warm wie ein Föhn war, und die Weihnachtsbäume vorm Hotel Riviera im Glanz der Lichterketten strahlten. Palmen statt Tannen allerdings. Und auch den Schnee habe ich nicht vermißt. Dios, beschütze mich.

ZWECK IHRES AUFENTHALTS IN UNSEREM LAND ?...
WEIHNACHTEN FEIERN...
SO, SO... MIT EINEM KOFFER VOLL WEISSEM PULVER, JA?!!
KUNST-SCHNEE!
23 DEC
TIMMERBERG SCHNEE KÖNIG
CUSTOMS

Weihnachten in Marrakesch. Wieder kein weißes Fest. Und die Lichter wurden in die Orangenbäume gehängt. Vier davon wuchsen in dem Innenhof meines Hauses. Das reichte an Ästen vorne und hinten nicht, denn ich hatte 88 Lampen für 88 Kerzen, darum haben wir sie einfach auf den Boden gestellt, auf die Treppen, auf den Brunnenrand. Zugegen waren meine marokkanischen Freunde, gestandene Moslems durch die Bank, aber sie haben Weihnachten einfach mitgemacht. Da waren Omar (Freund und Hausverwalter), Naima (Köchin), Rabia (Freundin), Suad (deren Freundin), Mustafa (Märchenerzähler), Said (Schlangenbeschwörer) und Chekaui (Herr der Vögel). Es waren also auch eine schwarze Kobra und ein gutes Dutzend Tauben mit im Haus.

Bescherung: Mustafa, der auf dem Markt jeden Tag ab 11 Uhr den Kindern, Armen und Alten marokkanische Geschichten erzählt, schenkte ich die französische Ausgabe von Grimms Märchen, damit er sie orientalisiert. Omar, der Spieler, bekam ein „Mensch-ärgere-dich-nicht“, die Frauen Parfüm, dem Schlangenmann hatte der Weihnachtsmann eine Stange Marlboro mitgebracht und dem Herrn der Vögel Medikamente, denn seine Tochter war erkrankt. Als er mir dafür einen silbernen Ring schenkte, haben alle gelacht. Chekaui arbeitet mit seinen Vögeln auf der Straße. Er läßt sie Kunststücke machen und Dinge finden, und alle sagen, Chekaui kann mit den Vögeln sprechen. Einige sagen noch mehr. An seinen freien Tagen, so die Gerüchte, läßt Chekaui die Vögel morgens aus dem

Haus fliegen, und abends kommen sie mit allem zurück, was in offenen Fenstern und auf Balkonen in der Sonne blinkt. Wahrscheinlich ein Märchen. Aber es gibt selten Geschenke, die märchenhaft sind.

Weihnachten im Zigeunerland, Andalusien, Jerez de la Frontera. Heiligabend bei einem 150köpfigen Clan. Die Alten saßen, die Jungen tanzten, Kinder waren dabei, bis zu zwei Jahren runter und viele Mädchen im heiratsfähigen Alter. Getränk: Sherry, Musik: Flamenco, Band: alle. Ich begriff, daß der Weihnachtsbaum in diesem Fall die Großfamilie war. Der Stamm, die Äste, sogar alle Blätter des Clans waren da. Und ich wurde traurig. Wo waren meine Kinder? Meine Eltern? Ich ging zurück auf die Straße und sah in den Mond. Ein alter Zigeuner gesellte sich zu mir. Sein Gesicht sah wie ein zerknautschter Fußball aus, seine Falten wie ein Spinnennetz. Er schien meine Gedanken zu erraten. „Wenn du alleine bist und in den Mond schaust, dann kannst du sicher sein, daß die, die dich lieben, auch an dich denken, wenn sie in den Mond sehen, egal wo sie sind. Es ist wie telefonieren. Der Mond wird eure Sehnsucht transportieren.“ Dann ging er wieder rein und ließ mich allein, und ich denke, das Himmelstelefon der Zigeuner war mein bisher schönstes Weihnachtsgeschenk.

X - WIE XXL-PROBLEME

Seit zwei Stunden im Stau auf einer Straße im indischen Bundesstaat Bihar, kurz vor Varanasi, was allein schon Grund genug wäre, um die Laune zu verlieren, aber es gibt auch keine Zigaretten mehr, und die zwei Frauen, die mit im Taxi sitzen, haben den Rand des Nervenzusammenbruchs fixiert. Dabei geht es gerade wieder im Schrittempo voran. Wir befinden uns auf einer Brücke, was die Sache nicht romantischer macht, auch wenn unter uns der Ganges fließt. Man kann eh nichts sehen. Es ist 18 Uhr und stockfinster, und, ah, wir stehen wieder. Der Fahrer verläßt das Auto um nachzusehen, bisher kam er immer nur mit schlechten Nachrichten zurück. Habe ich schon von der Luft erzählt? Es gibt keine Luft, es gibt Lastwagen, das Land ist so übermotorisiert wie überbevölkert, und den Job des Lastwagenfahrers bekommen hier nur Dämonen. „Wer gleich sich bleibt bei Glück und Leid, der reift für die Unendlichkeit", sagt die Bhagavadgita (indische Bibel) zum Thema, und mir scheint, ich bin auf dem besten Weg dazu. Selten so in mir geruht. Fatalismus nennt es der Westen, aber was zum Teufel soll ich tun? Aussteigen, zu Fuß gehen, sechs Kilometer noch? Den Fahrer nerven, wie es die Frauen tun? In den Ganges springen, an den Leichen vorbei ans andere Ufer schwimmen? Beten? Gott ist kein Verkehrspolizist. Meditieren? Letztere Disziplin hat mit tiefem Atmen zu tun. Als die Yogis das erfanden, gab es noch keinen indischen Straßenverkehr. Wahnsinn. Kali Yuga, Zeitalter der Dunkelheit. Und irgendwo vor uns die Stadt des Lichts, was die Übersetzung von Kashinath ist, dem Sanskritnamen von Varanasi, ehemals Benares, der heiligsten Stadt des Subkontinents, in der so oft der Strom ausfällt, wie es in Hamburg regnet. Die indischste aller indischen Städte, in der ich nur Bier trinke, weil ich dem Mineralwasser nicht traue, was den Schluß nahe legt, daß ich den Mineralwasser-Verkäufern nicht traue. Der Cola ist auch nicht mehr zu trauen. Neulich kam heraus, daß Coca-Cola Indien nicht das Originalrezept benutzt, sondern dem Erfrischungsgetränk etwas zumischt, das man von Insektenvernichtungsmitteln kennt. Varanasi, die schmutzigste aller schmutzigen indischen Städte, ihre Toiletten benutzt man nicht und will man nicht beschreiben, man wassert auf der Straße oder im Hotel, und wenn es einen Tip gibt, den man hier geben kann, dann den, daß es für Städte wie diese keinen Tip gibt. Es gibt nur Trost. In 25.000 Jahren, sagen die Inder, wird hier mit einer Sintflut groß sauber gemacht, außerdem will man zu Hause was erzählen.

Zu weit aber ging dies: Ich saß in einem Internetloch vor einem fliegenumwölkten Computer und wartete, ähnlich wie im Stau darauf, daß es im globalen Dorf mal weiterging, und als sich die Seite endlich öffnete, lief mir, von der rechten Wand kommend, eine große Ratte über den PC. Als ich den Chef des Ladens darauf aufmerksam machte, kam heraus, daß er die Ratte kannte. „XXL“, sagte er. XXLarge problems auch am Ufer des Ganges. Ein Agori Baba lud mich ein, an seinem Feuer zu sitzen und mit ihm was zu essen. Das war nun wirklich keine gute Idee, denn die Agoris sind die extremste Asketensekte Indiens. Ihr spiritueller Weg ist das Übertreten aller Tabus. Ein paar Beispiele? Ich würde sagen, eins reicht. Zu ihren Riten gehört das Verzehren von Menschenfleisch. Sie holen es sich an den Feuerplätzen (Gaths), wo die Hindus ihre Toten verbrennen. Eigentlich reicht es, wenn sie es nur einmal im Leben tun, als Initiation, zur Aufnahme in den Orden. Aber selbst die indischen Heiligen degenerieren derzeit ein bißchen. Ein Mann, der an den Ghats arbeitet, erzählte mir, daß Menschenfleisch für viele Agoris inzwischen dasselbe ist, wie für ihn Reis und Chapatis.

Y - WIE YOGA

Wer viel reist oder auf einer langen Reise ist, verliert hin und wieder sein Zuhause in sich. Hotelzimmer können es nicht immer ersetzen. Im besten Fall gleichen sie einer Leinwand, die man mit seinen Bildern von Häuslichkeit bemalen kann (Kleidung verstreuen, Bücher stapeln, Unordnung machen), im schlechtesten Fall sind es Seelenlöcher. Hier wohnt der Blues, die Einsamkeit, der Tod eines Handlungsreisenden. Um diesem Schicksal auszuweichen, wird traditionell zur Flasche gegriffen und der Fernseher angemacht. Besoffen Pornos anschauen ist ein armseliges Zuhause. Alternative: Meditation. Ein Wort, das nicht mit Y anfängt, aber den Y-Faktor hat, weil Meditation die zentrale Disziplin im Yoga ist. Yoga wurde vor nunmehr 6.000 Jahren von Leuten erfunden, die der Meinung waren, daß nur das innere Zuhause gegen Sintflut, Feuer, Erdbeben, räuberische Überfälle und Immobilienhaie gesichert ist. Das einzige Zuhause, das uns niemand kündigen kann und zudem mobiler als ein Wohnwagen ist. Ständig präsent und immer gemütlich, weil immer, ob Sie es glauben oder nicht, erfüllt mit Musik. Und niemand hat das Licht ausgemacht. Schlüssel? Braucht es nicht. Die Tür steht offen. Was es jedoch braucht, ist das Wissen, wo man die Tür finden kann. Mit Augen schließen ist es nicht getan. Man muß Gedanken schließen können. Man muß Gefühle zumachen. Wie das geht, lernt man inzwischen

HOTEL DES IN
REC
ZUGANG
ZUM HOTEL
NUR ÜBER
MEDITATION

EN ZUHAUSES

in jeder Volkshochschule, witziger ist das Yoga-Studium unterwegs. Meditation und Reisen zu verbinden, ist die Königsklasse des Tourismus, weil man doppelt bucht, für außen und innen. Flamenco lernt man am besten in Andalusien, Kung-Fu in Taiwan, die Heimat des Yoga ist Indien, seine Wiege stand im Himalaja. Tip: Rishikesh, zu Füßen des legendären Gebirges an den Ufern des Ganges. Gute Luft, perfektes Klima, zweigeteilt. Das weltliche Rishikesh liegt auf der einen, das spirituelle auf der anderen Seite des Flusses. Im spirituellen Rishikesh sind Autos, Motorräder, Alkohol und Fleisch verboten. Jedes zweite Haus ist ein Ashram, jedes dritte ein Tempel, jedes vierte ein Hotel. 1.000 Yoga-Schulen. Es wird viel geatmet und viel gesungen. Abends, am Ganges, sie nennen es Arti: Schalen mit kleinen Feuern werden dazu geschwungen, und Kerzen werden in Blätterschiffchen dem Fluß übergeben. Wie kommt man hin? Es gibt keinen Flughafen in der Region. Man muß von Delhi den Zug nach Haridwar nehmen (fünf Stunden), von dort das Taxi nach Rishikesh, an der großen Hängebrücke wird das Gepäck auf Handkarren umgeladen, ein freundlicher Inder zieht es für uns zum Hotel. Falls kein anderes bekannt ist, empfehle ich das Green Hotel. Sauber, relativ geräumig, zwei Preisklassen. Rupien 200, only, kosten die normalen Zimmer, Rupien 300, only, die Appartements auf der Dachterrasse. 300 Rupien entsprechen nicht ganz sechs Euro. Very economic, aber eine Millionen Sterne, wenn man tiefstapeln will. Das schöne an Yoga ist, daß es uns zur Mitte bringt, das Schöne an der Mitte ist, daß in ihr die innere Stimme zu Hause ist, und das Schöne an der inneren Stimme ist, daß sie nie fragend spricht, sie antwortet immerzu. Zum Beispiel auf die Frage, wie ich jetzt die Kurve zurück zum Anfang kriege? Manchmal verliere ich auf Reisen mein inneres Zuhause. Und manchmal nicht.

Z - WIE ZAHNARZT

In den guten alten Tagen, als man mit Segelschiffen reiste und ein halbes Jahr brauchte, um irgendwo hinzukommen, da brauchte man auch ein halbes Jahr für die Rückreise. Wer zwischendurch Zahnschmerzen hatte, starb daran. Oder zog sich Weisheitszähne mit der Zange raus. Betäubung: Opium oder seriöse Alkoholika. Aus diesem Grund ließen sich britische Kolonialbeamte vor ihrer Ausreise sämtliche Zähne ziehen und durch ein Gebiß ersetzen. Heute gibt es Zahnärzte in den ehemaligen Kolonien. Aber, unter uns, wollen Sie zu einem indischen Zahnarzt gehen? Oder zu einem afrikanischen? Ich war einmal dabei, als ein Freund einen ägyptischen Dentisten aufsuchte. Der Mann rauchte Marlboro, während er bohrte, und die Wände waren mit Blutspritzern übersät. Ein anderer Freund, Fotograf und in New Delhi stationiert, hat seit Jahren wenig Sex, weil er konstant unter Schmerzmitteln steht. Verschiedenste Zahnärzte seiner Wahlheimat haben ihm weh getan, aber nicht kuriert. In Ländern wie Marokko gibt's andere Probleme zu vergegenwärtigen. Durchaus brillante Handwerker, aber habgierige Charaktere, die an drei gezogenen Zähnen mehr verdienen als an einem. Oder Brücken schlagen wollen, wo eine Füllung genügt. Deshalb hier mein letzter Tip: Gehen Sie vor jeder Reise zum Zahnarzt, auch ohne Beschwerden. Kurzer Check, langes Urlaubsglück. Sollte trotzdem unterwegs ein Nerv durchdrehen, ist ein Anruf beim deutschen Konsulat zu empfehlen. Lassen Sie sich zum Botschafter durchstellen. Sie werden nicht durchgestellt? Kein Problem. Lügen sie. Sagen Sie, es gäbe eine vertrauliche Information für ihn. In welcher Sache? Es ginge um seine Frau. Und sobald er dran ist, erklären Sie, worum es wirklich geht. Er wird nicht auflegen. Zahnprobleme sind ähnlich wie Suchtprobleme. Sie verbrüdern. Und der Zahnarzt, zu dem der deutsche Botschafter geht, ist o.k. Keine Botschaft in der Nähe? Dann zum Goetheinstitut. Gibt's auch das nicht an Ihrem Urlaubsort, dann gibt's vielleicht eine Vertretung von Mercedes-Benz. Ebenfalls gute Zahnärzte kennen die Korrespondenten von ARD und ZDF und die Leiter der Auslandsredaktionen großer deutscher Zeitungen und Magazine, wie Stern und Spiegel. Um leitende Auslandsjournalisten ans Telefon zu kriegen, hilft die „Es geht um ihre Frau"-Lüge allerdings wenig, weil die in der Regel geschieden sind. Hier kommt man weiter, wenn man sich als neuer Mitarbeiter des Chefsekretariats in Deutschland ausgibt. Sie sollen den Boß zum Korrespondenten durchstellen. Der Mann wird froh sein, wenn er den wahren Grund Ihres Anrufs vernimmt, denn alle Auslandsjournalisten sind faule, versoffene Hurenböcke, die das Gespräch mit ihren Chefs fürchten, wie unsereins die Wurzelbehandlung. Chefköche kann man auch fragen. Die meisten großen Hotels, die auf deutsche Gäste spezialisiert sind, stellen Köche aus der Heimat ein. Köche sind Genießer, und Genießer sind wehleidig, und wenn

ACH? SIE HABEN IN DEUTSCHLAND STUDIERT, DOKTOR? UFF! DANN BIN ICH JA BERUHIGT!!...
JA, IN CHEIDEL-BÄRG...
... KUNST-GÄSCHICHTE.. ....

Wehleidige sagen, daß ihr Zahnarzt klasse ist, dann stimmt das. Wenn die Köche nicht weiterwissen, dann vielleicht die Tennislehrer, und haben auch die keinen Tip, ist das Taxi zum Flughafen der erste Schritt zur Besserung. Lieber eine Reise abbrechen als einen Kiefer.

Helge Timmerberg

Tiger fressen keine Yogis

Stories von unterwegs. Mit einem Vorwort von Sibylle Berg. 256 Seiten. Piper Taschenbuch

Daß Helge Timmerbergs Leben eigentlich ein einziger langer, wilder und bunter Trip durch innere und äußere Welten ist, davon zeugt dieses Buch. Er hat Waffenschieber, Flamencotänzerinnen und Drogenbarone getroffen, ist nach Indien, Japan, Marokko und Andalusien gereist, um in seinen Stories den Geist verschiedener Kulturen, Länder und Menschen einzufangen. Schräg, manchmal nachdenklich, aber niemals langweilig sind die erfolgreichen und abenteuerlichen Reisereportagen dieses modernen Nomaden.

»Es ist in der Tat so, daß man beim Lesen anfängt, die guten Sätze zu unterstreichen, und bald ist die Hälfte des Buchs unterstrichen, und dann schaut man sich die restlichen Sätze an und stellt fest, daß die eigentlich auch sehr gut sind.«
Süddeutsche Zeitung

05/1890/02/L

Radek Knapp

Herrn Kukas Empfehlungen

Roman. 251 Seiten. Piper Taschenbuch

Ein Reisebus wie ein umgestürzter Kühlschrank, voll mit Wodka und Krakauer Würsten – und mittendrin Waldemar, der sich auf Empfehlung seines Nachbarn Herrn Kuka auf den Weg nach Wien gemacht hat. Was den angehenden Frauenhelden im goldenen Westen erwartet, erzählt der Aspekte-Literaturpreisträger Radek Knapp in seinem Romandebüt so vergnüglich, daß man das Buch nicht aus der Hand legt, ehe man das letzte Abenteuer mit Waldemar bestanden hat.

»Mit hintergründigem Humor erzählt Knapp von erotischen und kapitalistischen Versuchungen, läßt seinen Helden von ›regelmäßigem Steinzeitsex‹ delirieren und in böse Fallen tappen – und zimmert aus den Verwirrungen des Zauberlehrlings Waldemar eines der unterhaltsamsten und durchtriebensten Bücher der Saison.«
Der Spiegel

05/1099/02/R